Medienwissen kompakt

Herausgegeben von
G. Reus, Hannover, Deutschland
K. Beck, Berlin, Deutschland

Die Reihe Medienwissen kompakt greift aktuelle Fragen rund um Medien, Kommunikation, Journalismus und Öffentlichkeit auf und beleuchtet sie in eingängiger und knapper Form aus der Sicht der Publizistik- und Kommunikationswissenschaft. Die Bände richten sich an interessierte Laien ohne spezielle Fachkenntnisse sowie an Studierende anderer Sozial- und Geisteswissenschaften. Ausgewiesene Experten geben fundierte Antworten und stellen Befunde ihres Forschungsgebietes vor. Das Besondere daran ist: sie tun es in einer Sprache, die leicht lebendig und jedermann veständlich sein soll.

Mit einer möglichst alltagsnahen Darstellung folgen Herausgeber und Autoren dem alten publizistischen Ideal, möglichst alle Leser zu erreichen. Deshalb verzichten wir auch auf einige Standards „akademischen" Schreibens und folgen stattdessen journalistischen Standards: In den Bänden dieser Reihe finden sich weder Fußnoten mit Anmerkungen noch detaillierte Quellenbelege bei Zitaten und Verweisen. Wie im Qualitätsjournalismus üblich, sind alle Zitate und Quellen selbstverständlich geprüft und können jederzeit nachgewiesen werden. Doch tauchen Belege mit Band- und Seitenangaben um der leichten Lesbarkeit willen nur in Ausnahmefällen im Text auf.

Herausgegeben von
Gunter Reus
Hannover, Deutschland

Klaus Beck
Berlin, Deutschland

Guido Zurstiege

Medien und Werbung

Springer VS

Guido Zurstiege
Institut für Medienwissenschaft
Universität Tübingen
Tübingen, Deutschland

ISBN 978-3-658-01312-7   ISBN 978-3-658-01313-4 (eBook)
DOI 10.1007/978-3-658-01313-4

Die Deutsche Nationalbibliothek verzeichnet diese Publikation in der Deutschen Nationalbibliografie; detaillierte bibliografische Daten sind im Internet über http://dnb.d-nb.de abrufbar.

Springer VS
© Springer Fachmedien Wiesbaden 2015

Gedruckt auf säurefreiem und chlorfrei gebleichtem Papier

Springer Fachmedien Wiesbaden ist Teil der Fachverlagsgruppe Springer Science+Business Media
(www.springer.com)

Inhalt

Für Alon und Aviv

1. Werbung: Geheime Verführung?

Wir begegnen der Werbung mit gemischten Gefühlen. Unsere Kritik an der geheimen Verführung haben wir stets parat. Zugleich genießen wir oft die verlockende Traumwelt des unbeschwerten Konsums. Dieses einführende Kapitel beschreibt die beiden Zugänge zur Werbung und arbeitet heraus, warum es möglicherweise ein Kennzeichen der heutigen Werbung ist, dass sie uns trotz aller Kritik besser gefällt als jemals zuvor.

Werbung ist der Versuch, das Wissen, die Meinungen, die Emotionen oder das Verhalten, kurz die Einstellungen anderer in einer ganz bestimmten Weise zu beeinflussen. Zugegeben, dasselbe wollen auch Eltern, Lehrer oder Polizisten. Aber sie alle betreiben natürlich keine Werbung. Warum nicht? Weil von Werbung, wie sie uns in Zeitungen und Zeitschriften, auf Plakaten, im Fernsehen oder im Hörfunk begegnet, dann die Rede ist, wenn der Versuch der Verhaltensänderung ohne Zwang erfolgt. Eltern können das Taschengeld entziehen, Lehrer können die Versetzung kassieren und Polizisten den Führerschein. Das tut weh. Die Werbung kann nichts von alledem, und sie kann nichts Vergleichbares. Sie ist gemessen an Eltern, Lehrern, Polizisten und vielen anderen gesellschaftlichen Instanzen ganz wesentlich machtlos. Werbung ist eben nur der *Versuch,* die Einstellungen anderer in einer ganz bestimmten Weise zu verändern, mehr nicht. Was die Machtlosigkeit der Werbung angeht, so besteht darin eine deutliche Parallele zu einer der frühesten Formen des werbenden Verhaltens: zum Verhalten Verliebter, die sich um die Gunst einer angebeteten Person bemühen. Verliebte kreisen, ja wirbeln geradezu um die angebetete Person herum – früher hätte man dafür den Begriff »wervan« verwendet, der auch die sprachgeschichtliche Vorstufe des heutigen Begriffs »Werbung« bildet. Man kann also durchaus sagen, dass Verliebte Werbung betreiben. Auch ihnen bleibt nämlich nichts anderes übrig, als auf Kommunikation zu setzen, die genügend Strahlkraft entwickelt, um andere nachhaltig zu faszinieren. Verliebte richten ihre betörenden Appelle in aller Regel an ganz bestimmte einzelne Personen, die Werbung adressiert ebenfalls ganz bestimmte Personen, wenn auch in Form von Zielgruppen. Werbung für Konsumgüter, Dienstleistungen, politische Parteien und vieles mehr ist überdies eine geplante und hochgradig arbeitsteilig ins Werk gesetzte Kommunikation. Sie wird in aller Regel mediengestützt vermittelt. Darüber hinaus wird sie gegen Entgelt produziert. Auch in Zeiten von »Nur die Liebe zählt« sollten dies harte Unterscheidungsmerkmale sein, um Werbung im engeren Sinne von Werbung im weiteren Sinne, wie sie etwa von Verliebten betrieben wird, abzugrenzen.

Werbung ist eine alte und bewährte Kulturtechnik, auf die wohl keiner von uns so recht verzichten kann; das lässt sich für den Anfang festhalten. Es ist erstaunlich, dass die Werbung dennoch so viel Kritik auf sich gezogen hat wie kaum eine andere Form der Kommunikation, und es ist erstaunlich, dass die Werbung zwar per Definition machtlos ist, dass ihr sehr enge Grenzen gesetzt sind und wir dennoch so große Angst vor Manipulation, Beeinflussung, Persuasion, vor dem hinterhältigen Zugriff auf unser Unbewusstes haben, wenn von Werbung die Rede ist. Werbung ist eine weit verbreitete Alltagserscheinung. Sie verfolgt klar definierte Ziele: Sie will auffallen und gefallen, und sie will verkaufen, was sie in den

Augen vieler schon verdächtig macht. Die Werbung sagt sehr klar, was sie will. Sie sagt indessen wenig über ihre Strategien, ihre Kalküle, ihre Tricks – all dies steht gewissermaßen hinter den Hochglanzanzeigen und TV-Spots. Für viele ihrer Kritiker macht sie dies nur umso verdächtiger.

Im Jahr 1957 veröffentlichte der amerikanische Publizist Vance Packard mit seinem Buch »The Hidden Persuaders« (deutsch: Die geheimen Verführer) gewissermaßen den Urtext zu diesem Verdacht. Das Buch ist inzwischen zu einem Bestseller geworden, sein Titel zu einem beinahe geflügelten Wort und Kampfbegriff der werbe- und konsumkritischen Diskussion der vergangenen Jahrzehnte. Vance Packard kritisierte in seinem Buch die geheimen Methoden der – wie er sich ausdrückte – »Depth Boys«, der Tiefenheinis, wie es in der deutschen Übersetzung heißt. Die Tiefenheinis, das waren für Packard Motivforscher wie der in Wien geborene und später vor den Nationalsozialisten nach Amerika geflüchtete Psychologe Ernst Dichter, die in ihren vermeintlich geheimen Laboren den Motiven der Konsumenten nachspürten. »Pack den Tiger in den Tank«, dieser berühmte Slogan, den viele Menschen noch heute kennen, wurde von Dichter entwickelt – im Labor. Die Tiefenheinis, das waren aber auch die »Subliminalen«, die unterschwellig und unbemerkt manipulierenden geheimen Verführer, wie vor allem der amerikanische Marktforscher James Vicary. Dieser hatte die Fachwelt ebenso wie die allgemeine Öffentlichkeit gegen Ende der 1950er Jahre in Aufruhr versetzt, und zwar mit der Behauptung, er habe mehr als 45 000 Besuchern eines Kinos in New Jersey über einen Zeitraum von sechs Wochen während der Filmvorführungen für weniger als drei Millisekunden die folgenden Befehle vorgeführt: »Eat Popcorn« und »Drink Coca-Cola«.

Es spielt eigentlich keine Rolle, dass die Experimente Vicarys tatsächlich niemals stattgefunden haben, wie sich später herausstellen sollte. Denn das, was sie zeigten, fiel zur damaligen Zeit auf höchst fruchtbaren Boden. Die geheime Verschwörung war für die Zeitgenossen Packards, Dichters und Vicarys gewissermaßen der zu erwartende Normalfall. Mitten im Kalten Krieg war die Angst vor Manipulation, Propaganda und unterschwelliger Beeinflussung allgegenwärtig. Dichters raffinierte Forschung in der Tiefsee menschlichen Begehrens, Vicarys geheime Experimente im Bauch des Kinos und Packards öffentliche Kritik, dies alles zeigte den Menschen jener Zeit, es zeigt aber auch den meisten Menschen noch heute, was sie schon immer befürchtet hatten: Werbung arbeitet im Verborgenen, und daraus bezieht sie ihre Kraft! Werbung betreibt geheime Verführung, und das gehört sich nicht! »Nach der Wahrheit die Werbung!«, so hat der große Bielefelder Soziologe Niklas Luhmann vor vielen Jahren einmal diese Auffassung zur Werbung auf den Punkt gebracht. Die Werbung, so Luhmann, nimmt die Todsünde der Massenmedien auf sich: Sie lügt, was das Zeug hält, ist parteiisch, ohne Wenn und Aber, übertreibt, schönt, ist maßlos darin, verzerrt, poliert die Oberfläche und besudelt die Tiefe. Aber: Sie macht in aller Regel keinen Hehl daraus, sie tut all dies vor den Augen eines Massenpublikums. Die Werbung ist der in die Welt hinausgerufene Liebesschwur des Kapitalismus an sich selbst. Und da Liebe bekanntlich die Sinne vernebelt, ist diesem Liebesschwur nur in Maßen zu trauen. Diese sehr grundsätzlichen Vorbehalte gegenüber der Werbung haben der Mann und die Frau auf der Straße ebenso wie der große Bielefelder Soziologe aus dem Stegreif parat.

Fragt man Menschen, was sie von der Werbung ganz allgemein halten, dann lautet in der deutlichen Mehrheit aller Fälle die Antwort eben so: Die Werbung ist langweilig, sie versucht zu manipulieren, und sie nervt. Das sind unsere nahezu unumstößlichen Erwartungen an die Braut des schnöden Mammons. Zwar ist die Blütezeit der Werbe- und Konsumkritik vorbei, aber dennoch sind die Kritik der Warenästhetik von Wolfgang Fritz Haug, die Kulturindustriethese von

Theodor Adorno und Max Horkheimer, Werbekritik als Ideologiekritik im Sinne Roland Barthes' oder Judith Williamsons zum festen Bestandteil unseres kollektiven Wissens geworden. Auch ohne diese Autoren und ihre Werke zu kennen, haben die meisten von uns doch ein »Gespür« für die moralischen Eckpfeiler ihrer Kritik.

Jahrzehnte der medienpädagogischen Aufklärung, Jahrzehnte der medienrechtlichen und medienpolitischen Auseinandersetzung mit werblichen Skandalen à la Toscani & Co., aber auch Jahrzehnte der Häme gegenüber der Werbung, mit der sich auch der Journalismus, freilich nur im Feuilleton, auf einen Schaukampf gegen den einen der zwei eigenen Geldgeber eingelassen hat, all dies hat Spuren in der öffentlichen Meinung hinterlassen. Jedes Schulkind weiß daher heute die richtige Antwort auf die Frage, was Werbung ist, was sie will und was sie tut: Werbung drängt sich auf, sie ist lauter als der Rest des Programms, sie trickst, sie schleicht sich ein, sie gaukelt uns etwas vor. Das Eigentliche bleibt für sie immer unerreichbar, sie bewegt sich voll und ganz auf der Oberfläche, doch die Welt der bunten Bilder ist blanker Schein, das Sein hat unendlich mehr Tiefe.

Ja, das weiß also jedes Schulkind, das wissen die Leute auf der Straße, dass wissen auch Forscher und Forscherinnen. Und es ist zu vermuten: Dies weiß doch wohl auch insgeheim die werbetreibende Wirtschaft, die sich im vorauseilenden Gehorsam der öffentlichen Meinung unterwirft. Aber sie alle sehen nur das halbe Bild. Und das lässt sich dreifach begründen.

Unsere Erwartungen in Bezug auf die Werbung sind *erstens* nur eine Seite der Medaille. Unsere konkreten Erfahrungen sind die andere. Und zwischen unseren Erwartungen und unseren Erfahrungen klafft eine riesige Lücke. Das sieht man, wenn man Menschen nicht nur allgemein nach ihrer Meinung zu Werbung fragt, sondern wenn man sie auch bittet, einmal an eine bestimmte Werbeanzeige, an einen bestimm-

Abb. 1   Netto-Werbeeinnahmen erfassbarer Werbeträger
in Deutschland (in Mio. Euro)

Werbeträger	2009	Prozent	2010	Prozent
Fernsehen	3639,60	−9,8	3953,73	+8,6
Tageszeitungen	3694,30	−15,5	3637,80	−1,5
Werbung per Post	3080,51	−6,4	2983,78	−3,1
Anzeigenblätter	1966,00	−2,1	2011,00	+2,3
Publikumszeit-schriften	1408,65	−16,8	1450,00	+2,9
Verzeichnis-Medien*	1184,00	−3,3	1154,60	−2,5
Online-Angebote	764,00	+1,3	861,00	+12,7
Außenwerbung	737,51	−8,4	766,06	+3,9
Fachzeitschriften	852,00	−17,4	856,00	+0,5
Hörfunk	678,49	−5,7	692,06	+2,0
Wochen-/Sonntags-zeitungen	208,30	−21,6	217,80	+4,6
Filmtheater	71,60	−6,6	74,51	+4,1
Zeitungs-supplements	81,90	−5,6	85,80	+4,8
Gesamt	**18 366,86**	**−9,8**	**18 744,14**	**+2,1**

Netto: nach Abzug von Mengen- und Malrabatten sowie Mittlerprovisio-
nen, vor Skonti, ohne Produktionskosten

* nach Skonti, inklusive rund 10 % Mehrwertsteuer

Quelle: ZAW - Werbung in Deutschland 2013

2011	Prozent	2012	Prozent
3981,17	+0,7	4051,20	+1,8
3556,90	−2,2	3232,60	−9,1
2987,67	+0,1	2864,36	−4,1
2060,00	+2,4	2001,00	−2,9
1440,05	−0,7	1281,00	−11,1
1139,10	−1,3	1095,80	−3,8
990,00	+15,0	1079,00	+9,0
896,90	+17,1	867,90	−3,2
875,00	+2,2	858,00	−1,9
709,15	+2,5	719,65	+1,5
213,70	−1,9	199,30	−6,7
84,74	+13,7	88,39	+4,3
85,10	−0,8	81,90	−3,8
19 019,14	+1,5	18 420,10	−3,2

ten Werbespot oder an ein bestimmtes Werbeplakat zu denken. Nicht nur unsere kulturkritisch geschulten Erwartungen, sondern auch unsere alltäglichen Erfahrungen im Umgang mit Werbung werden dann mental auf den Plan gerufen. Und erstaunlicherweise dreht sich nun das Meinungsbild in den meisten Fällen komplett. Die Werbung lügt und manipuliert, ja, Waschmittelwerbung ist langweilig und einfallslos. Aber: Coca-Cola macht gute Spots, Nike hat ein cooles YouTube-Video produziert, und die Musik der neuen Mercedes-Werbung muss man sich unbedingt besorgen. Es ist übrigens interessant, dass sich im Falle des Journalismus das Antwortverhalten ebenso verändert – nur mit umgekehrten Vorzeichen. Journalismus, das ist das Wahre und Gute. Befragt nach einem konkreten journalistischen Beitrag, fallen die Urteile indessen deutlich kritischer aus. Ich habe in den vergangenen Jahren diese Frage verschiedenen Menschen immer wieder gestellt. Das Antwortmuster, das man erhält, ist stets dasselbe – übrigens auch, wenn man den westlichen Kulturkreis verlässt. So habe ich zuletzt eine größere Gruppe deutscher Studierender und eine kleine Gruppe indischer Studierender befragt. Trotz der sehr kleinen Stichprobe weisen die Antworten der jungen Leute in dieselbe Richtung.

Die Kluft zwischen unseren Erwartungen und unseren Erfahrungen mit Werbung rührt *zweitens* daher, dass Werbung seit jeher einen grundsätzlichen Widerspruch auflöst: In der Welt der Werbung wird nie die Wahrheit ausgesprochen – sie macht aber auch kein Geheimnis daraus, dass sie nicht ganz aufrichtig ist. Das wusste auch Luhmann: Die Werbung versucht zu manipulieren, ja, aber sie geht davon aus, dass dies von ihren Rezipienten, also von ihren Lesern, Zuschauern oder Zuhörern, vorausgesetzt wird. Wahr ist es nicht, was uns in der Werbung versprochen wird, aber mancher denkt für sich im Stillen vielleicht: Wie schön wäre es doch.

Unsere Kritik an der Werbung läuft damit gewissermaßen ins Leere. Die Werbung lügt, sie manipuliert, täuscht – wohl

Abb. 2 Befragungsergebnisse zur Werbung

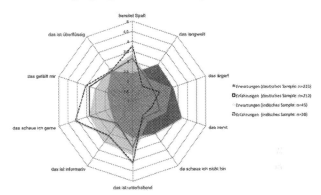

möglich. Sie befriedigt mit all dem keine Bedürfnisse, auch dies – aber, so hat der Medienphilosoph Norbert Bolz einmal sehr zutreffend gesagt, sie verschafft doch immerhin unserem Begehren Anerkennung. Damit erfüllt sie uns zumindest einen Wunsch, den schon die alten Römer kannten: Mundus vult decipi – die Welt will verführt werden.

Und *drittens* hat die Werbung in den vergangenen Jahrzehnten ihr Gesicht verändert. Stärker als früher spielt sie eine geradezu sinnstiftende Rolle in unserem Alltag. Sie macht Geschenke, die uns unterhalten, informieren, ja womöglich einen Vorteil verschaffen. Vieles von dem, was wir heute Werbung nennen, schreit nicht mehr »Kauft!!« Es drängt sich nicht mehr auf, schummelt sich nicht mehr verschämt in die Lücken des Programms hinein, ist keine geheime Verführung. Die Werbung ist in manchen Fällen ein öffentliches Spektakel, eine willkommene kleine Unterhaltung, in anderen eine nützliche Dienstleistung oder hilfreiche Information. In digitalen Medien, und nicht nur dort, tritt die Werbung aus dem Schatten heraus, ins Zentrum des Blicks. Sie hört auf, wie zuvor am

Rande unseres Gesichtsfelds zu agieren, sie wartet nicht mehr auf jene Millisekunde, in der es ihr unser abgelenktes oder sonst wie geschwächtes mentales Immunsystem gestattet, verborgene Motive und Wünsche auszulösen. Werbung beginnt, Geschichten zu erzählen, ihren Publika Unterhaltungs- und Informationsgeschenke zu unterbreiten.

Neu ist die enge Vernetzung der Plattformen, auf denen dies heute geschieht. Neu ist, dass Unternehmen neben ihrer eigentlichen Zielsetzung, der Produktion und gewinnbringenden Vermarktung von Waren und Dienstleistungen, immer häufiger auch als »Content«, also redaktionellen Inhalten, auftreten. Neu sind die Publika, die sich herausbilden, die Konsumenten, von denen immer mehr auch als »Nutzer« der Unternehmenskommunikation zu verstehen sind. Viele dieser »Nutzer« bezeichnen sich in nicht wenigen Fällen als »Fan« eines Unternehmens, »liken« Marken, nehmen die netten Angebote gerne an, die Unternehmen heute machen. Dazu gehören zum Beipiel Casual Games (Computer- und Videospiele), soziale Netzwerke, Mixed Tapes (spezielle Musikdateien), Wallpapers (Bildschirmhintergründe), interaktive Kurzfilme oder einfach nur das tägliche Horoskop.

Im Kontext der neuen Medien entstehen heute neben den klassischen Werbeformen im raschen Wandel viele neue: Ingame-Advertising und Advergames (Werbespiele), Branded Entertainment (Werbung in Unterhaltungsangeboten), Viral Marketing (Konsumenten verbreiten die Werbebotschaft weiter), Word of Mouth (»Mundpropaganda«) und Mobile Marketing (Werbung über mobile Endgeräte) lauten nur einige der Etiketten, die diesen neuen Werbeformen angeheftet werden. Bei allen Unterschieden – auch in Bezug auf die Lebensdauer im »relevant set« der Werbepraxis – eint diese neuen Werbeformen, dass sie auf der Grundlage einer engen Abstimmung zwischen der werbetreibenden Wirtschaft, den Agenturen und den Medien geplant, produziert und verbreitet werden.

Müssen wir uns über diese Entwicklung Gedanken machen? Ist die wegen ihrer Trivialität und Egozentrik so oft gescholtene Werbung mit all dem womöglich am Ende nicht einfach doch nur kulturell gebändigt, gezähmt, zivilisiert worden? Sollte man nicht anerkennen, dass die Werbung nun endlich Angebote macht, die sich im wahrsten Sinne des Wortes sehen lassen können? Noch zu Beginn der 1990er Jahre bezeichnete der Soziologe Armand Mattelart die Werbung als die »Industrie des öffentlichen Krachs«. Selbstauskünften der Branche zufolge haben sich große Teile der Werbung heute davon emanzipiert, eine neue Ära hat begonnen.

Einer der Hauptaustragungsorte des aktuellen Wandlungsprozesses sind die digitalen Medien. Freilich dominieren noch immer die klassischen Massenmedien den Markt der Werbeträger in Deutschland. Rund 7 Mrd. € Netto-Einnahmen verzeichnen Tageszeitungen, Anzeigenblätter und Publikumszeitschriften, rund 4 Mrd. € betragen die Netto-Einnahmen der öffentlich-rechtlichen und privaten Fernsehveranstalter, knapp 3 Mrd. € nimmt die Post mit der Zustellung von Werbung ein. Zusammen sind dies immerhin noch mehr als 70 % der gesamten Nettowerbeeinnahmen erfassbarer Werbeträger in Deutschland. Auf dem Markt für Werberaum und Werbezeit, so scheint es, hat die viel zitierte Krise der klassischen Medien noch nicht vollends zugeschlagen. Zahlreiche Forschungsbefunde weisen jedoch auf einen tiefgreifenden Wandel der Mediennutzung hin. Dieser Wandel wird vor allem von den nachrückenden, mit digitalen Medien aufgewachsenen Generationen, den »Digital Natives«, vorangetrieben und wird die Zukunft der klassischen Medien sehr grundlegend bestimmen. Die Werbung ist hier zugleich treibende Kraft wie auch Zaungast und Profiteur dieser Entwicklung im Mediensystem.

Die Diskussion um die neue Werbung zeigt bei näherer Betrachtung freilich auch dies: dass das Ende der alten Werbe-Ära und der Beginn einer neuen, also die Krise der »klassischen« Werbung, geradezu ein notorisches Thema der Werbepraxis ebenso wie der sie begleitenden Forschung ist. Der Münsteraner Kommunikationswissenschaftler Siegfried J. Schmidt hat einmal sehr zutreffend gesagt, dass die Werbung gewissermaßen von Anfang an am Ende war, weil sie sich im Modus der »imitativen Trivialisierung« vorwärtsbewegt. Werbung findet stets unter Konkurrenzbedingungen statt. Jede Werbung muss sich im Wettbewerb mit anderen Medienangeboten um die knappe Aufmerksamkeit ihrer Zielgruppen behaupten. Werbetreibende beobachten daher alle möglichen Praktiken der Unterhaltung und der Information. Sie kopieren, wiederholen, ahmen nach, was immer sich als erfolgversprechende Strategie im Markt zu bewähren scheint. Dies funktioniert nun freilich nur so lange, bis jene erfolgreichen Strategien so oft recycelt worden sind, dass sie an Strahlkraft verloren haben, ermattet sind und ihren Dienst versagen. An diesem Punkt geht alles wieder von vorn los, und die Werbung erfindet sich aufs Neue.

Von der Krise der Werbung war daher schon lange vor der gesellschaftlichen Verbreitung der digitalen Medien die Rede. Die Erfindung der TV-Fernbedienung machte den Zuschauer bereits gegen Ende der 1950er Jahre zum Programmdirektor, gab ihm die Macht, aus seinem Fernsehsessel heraus nach eigenem Gutdünken zu schalten und zu walten. Das bedeutete in aller Regel, dass das Fernsehgerät nach einer Sendung sofort abgeschaltet wurde. Die Einführung des privat-kommerziellen Rundfunks brachte nicht nur eine enorme Ausweitung an Werberaum und Werbezeit, sondern eine ebenso große Ausweitung an Inhalten, zwischen denen Rezipienten nun wählen konnten. Der Herrschaftsbereich des Programmdirektors dehnte sich mit einem Schlag aus, wurde zu einem wahrhaften Imperium, in dem irgendwo immer irgendetwas geboten wurde. Seitdem erregt nur wenig die Gemüter von Werbepraktikern so sehr wie jene Rechenexempel, die unsere begrenzte Kapazität zur Verarbeitung von Umweltreizen mit der Flut an Werbebotschaften ins Verhältnis setzen, die täglich auf uns einwirken.

Vielen Werbepraktikern dient dieses Rechenexempel bis heute als besorgniserregender Hinweis darauf, dass ein Großteil der Werbe-Investitionen wirkungslos verpufft. Vielen Werbekritikern dient sie, ganz im Gegenteil, als Ausdruck eines inzwischen allumfassenden und deswegen zumindest ebenso besorgniserregenden Wirkungszusammenhangs. Während die einen angesichts der erdrückenden Beweislage die Wirkungslosigkeit traditioneller Werbekampagnen beklagen, um sich auf die Suche nach intelligenteren, effektiveren Strategien der Zielgruppenansprache zu machen, warnen die anderen vor der ultimativen Ideologisierung der Gesellschaft durch die Werbung. Die einzelne Werbekampagne, so scheint es im Lichte dieser Kritik, ist am Ende, wo die Werbung ihren endgültigen Triumph feiert.

Die Werbe- und Konsumkritik hat in den 1960er und 1970er Jahren freilich ihren Zenit erreicht. Heute befindet sich die Kritik gewissermaßen im vorläufigen Ruhestand und verbringt ihren Lebensabend in Lehr- und Handbüchern. Demgegenüber erweist sich die Suche nach neuen und aus Sicht der werbetreibenden Wirtschaft effektiveren Kommunikationsstrategien zurzeit als treibende Kraft im Mediensystem. Diese Suche nach neuen Formen der Werbung orientiert sich stark an zwei Leitwerten: der zunehmenden Integration von Werbung in das Programm sowie der personalisierten Adressierbarkeit werblicher Medienangebote. Beides erfolgt auf der Grundlage einer sehr engen Abstimmung zwischen der werbetreibenden Wirtschaft, den Agenturen und den Medien. Unter den Bedingungen solcher hochintegrierten neuen Werbeformen steht das professionelle Gebot zur Trennung von Werbung und Programm unter Dauerbeschuss. Aus diesem Grund sind Fragen nach der Trennung von Werbung und Programm, nach der Platzierung und dem Ausweis von Werbung heute relevanter denn je. Smartphones, Compu-

ter, Spielkonsolen, soziale Online-Netzwerke und Foren eröffnen überdies für die werbetreibende Wirtschaft einen vergleichsweise freien Zugang zu bislang geschützten Segmenten
des Publikums: zu Kindern und Jugendlichen, deren mentales »Immunsystem« den in aller Regel unterhaltungsbasierten
Fremdsteuerungsversuchen der werbetreibenden Wirtschaft
noch nicht im vollen Umfang gewachsen ist. Das Ausspä-
hen, Sammeln und Verarbeiten sensibler Konsumentendaten
stellt darüber hinaus auch bei der Ansprache junger Zielgruppen inzwischen eine Standardprozedur der werbetreibenden
Wirtschaft dar. Das ist nicht zuletzt dort in hohem Maße problematisch, wo junge Rezipienten etwa auf Facebook, Twitter
oder Google+ bereitwillig viele persönliche Information von
sich preisgeben.

Müssen wir uns also Gedanken machen um die Rolle, die
die Werbung in unserer Gesellschaft spielt? Die Antwort lautet ganz eindeutig: ja! Die Werbung erlebt nicht nur einen
rasanten und in vielen Bereichen tiefgreifenden Wandel, sie
selbst ist einer der stärksten Antreiber dieses Wandels im
Mediensystem. Man kann dies sehr deutlich an der Diskussion um das Fernsehen beobachten, das lange Zeit vorherr-
schende Massenmedium par excellence. Bei allen bekannten
Schlenkern, die die Medienwirkungsforschung in den vergangenen Jahrzehnten gemacht hat, war doch eine der Kern-
übereinkünfte, dass die Massenmedien, allen voran das Fernsehen, als zentrale, weithin sichtbare Schleusenwärter Macht
in der Gesellschaft besitzen, weil sie ein Programm anbieten – und das ist eben mehr als eine Sendung nach der anderen. *Sie* bieten *ein* Programm an. Unter dem starken Einfluss
der werbetreibenden Wirtschaft ändert sich dies grundlegend.
Es sollte uns nachdenklich stimmen, wenn einer der höchsten Wächter dieses Programms, die Arbeitsgemeinschaft der
Landesmedienanstalten in Deutschland, bereits vor etlichen
Jahren seinen jährlichen Programmbericht mit der scheinbar arglosen Frage einleitet: »Was ist ein Programm?« Wenn

sich Rezipienten in digitalen Medienumgebungen ihre eigenen Programme, ja ihre eigenen Sendungen zusammenstellen können, ist diese Frage eben nicht mehr leicht zu beantworten. Die Werbung treibt diese Entwicklung an und hofft, von ihr zu profitieren.

Dahinter verbirgt sich ohne Zweifel einer der spannendsten Perspektivenwechsel in der medienbezogenen Diskussion der vergangenen Jahre. Digitale Medien, so hat die Grande Dame der Kulturtheorie digitaler Medien, Sherry Turkle, vor rund 20 Jahren einmal sehr deutlich festgestellt, machen nicht nur in einem instrumentellen Sinne etwas *für* uns, sondern sie machen auch in einem geradezu existenziellen Sinne etwas *mit* uns. Die geistige Nahrung, heißt das, mit der wir in den digitalen Medien unseren Wissensdurst und unseren Hunger nach Unterhaltung stillen, nährt uns anders als jene geistige Nahrung, die in den klassischen Massenmedien serviert wird. Umfragen – wie die seit Mitte der 1960er Jahre durchgeführte ARD/ZDF-Langzeitstudie Massenkommunikation – zeigen, dass wir digitalen Medien zutrauen, immer mehr *für* uns zu machen. Die Werbung reagiert auf diese Entwicklung und prescht dort, wo sie profitieren kann, mit viel Kraft voran. Was macht diese Entwicklung *mit* uns? Wie ist es dazu gekommen? Welche Kräfte treiben die Entwicklung des Werbesystems an? Welche Formen der Werbung bringen sie hervor? Und natürlich: Wie wirkt Werbung unter diesen Bedingungen heute? Das sind die zentralen Fragen dieses Buches.

2. Aufbau des Bandes

Das folgende Kapitel gibt einen kurzen Überblick über den Ansatz und den Aufbau dieses Buches. Werbung befindet sich in einer Phase des tiefgreifenden Umbruchs. Was sind die Ursachen, was sind die Folgen dieser Entwicklung? Die Etappen, in denen wir uns einer Antwort auf diese Frage nähern, werden kurz skizziert: Die Geschichte der Werbung (Kap. 3); Akteure, Märkte, Organisationen im Feld der Werbung (Kap. 4); Strategien und Formen der Werbung (Kap. 5); Wirkungen der Werbung (Kap. 6) sowie schließlich zukünftige Entwicklungen (Kap. 7).

Dieses Buch richtet sich an alle Leser und Leserinnen, die sich ganz allgemein für Werbung interessieren, sei es als Studierende, als Forschende, als Lehrende, als Vater, als Mutter, als Opa, als Oma, als journalistisch Schreibende oder einfach nur als ganz normale interessierte Zeitgenossen. Werbung ist so eng verwoben mit unserem Alltag, sie begegnet uns in so vielen Bereichen unseres Lebens, dass sie uns alle trifft – und betrifft, ob wir es wollen oder nicht. Ich selbst habe in meinem Alltag und auch in meiner Biographie viele Berührungspunkte mit der Werbung. Als kleiner Junge lauschte ich voller Begeisterung den Worten meines Vaters, wenn er von seinen Kollegen aus der Marketingabteilung berichtete. Mein Vater verbrachte die meisten Abende, ja viele seiner Wochenenden, tief vergraben in den Tabellen der Vertriebsabteilung eines Bremer Kaffeerösters. Die von Ludwig Hohlwein sowie von Alfred Runge gestalteten Werbeplakate für die Kaffee-Marke, die mein Vater verkaufte, hängen noch heute bei uns zu Hause. Am Wochenende gingen wir häufig in den Supermarkt und rückten die noch nicht verkauften Kaffeepackungen in den Regalen nach vorne, so dass man sie besser sehen konnte. Es waren angesichts der wenigen Gelegenheiten für gemeinsame Unternehmungen mit meinem vielbeschäftigen Vater schöne, lustige Ausflüge in den Supermarkt. Aber sie zeigten mir auch, dass Verkaufen ein hartes Geschäft ist. Wir gingen durch die Regalreihen und zogen die noch nicht verkauften Kaffeepackungen aus dem Schatten der Regaltiefe nach vorne ins Licht. In den Erzählungen meines Vaters entstand für mich der Eindruck, dass seine Kollegen aus der Marketingabteilung indessen unter geradezu himmlischen Bedingungen ihrer Arbeit nachgingen. Gemessen an der Tabellen-Arbeit meines Vaters erstrahlte die Welt der Werbung für mich daher im hellsten Licht. Als mein Vater Mitte der 1980er Jahre viel zu früh starb, machte ich mich im Studium in gewisser Hinsicht auf die Suche nach ihm – natürlich im Himmel: »Männerbilder in der Werbung« lautete schließlich das Thema meiner Dissertation. Trotz dieses schillernden, in vieler Hinsicht falschen Bildes, das ich mir sehr früh von der Welt der Werbung gemacht habe, kann ich nicht behaupten, dass mir Werbung besonders gut gefällt. Meistens nehme ich sie vermutlich nicht einmal wahr. Aber es gibt natürlich auch Ausnahmen: Noch immer mag ich Hohlweins Werbeplakate, ebenso die vieler anderer Werbekünstler seiner Zeit.

In nicht wenigen Fällen ärgere ich mich aber auch über Werbung. Ich ärgere mich, wenn eine Wodka-Marke im Internet mit einem Spiel wirbt, in dem junge Erwachsene virtuell russisch Roulette spielen können. Ich ärgere mich, wenn in der Lokalzeitung, die ich jeden Tag lese, ein ortsansässiger

Abb. 3 Eduard Scotland & Alfred Runge: Kaffee Hag/Erster
Preis , 1915

Quelle: Mondelēz International, Archive & Information Resources

Zahnarzt in regelmäßigen Abständen unübersehbar auf den Tag der offenen Tür in seiner Praxis hinweist und damit gegen Bezahlung Werbung macht. Als Familienvater ärgere ich mich über die süße »Quengelware« kurz vor der Kasse im Supermarkt. Überhaupt finde ich es nicht gut, dass der Großteil der Werbung, die sich an Kinder unter 13 Jahren richtet, Werbung für ungesunde Lebensmittel ist. Zugleich gibt es immer wieder Fälle, in denen mich Werbung aufgrund ihrer Kreativität und ihres Witzes begeistert.

Ich vermute, dass es den meisten Lesern und Leserinnen dieses Buches ganz ähnlich geht wie mir, dass sie also der Werbung durchaus mit gemischten Gefühlen begegnen. Meine eigene Sicht habe ich hier so ausführlich beschrieben, weil ich davon überzeugt bin, dass wir die Werbung von heute gar nicht richtig verstehen können, wenn wir nicht in Betracht ziehen, dass sie oft durchaus willkommene Angebote macht. Ich habe aber auch deswegen meine eigene Position so klar formuliert, weil ich überzeugt bin, dass Werbeforschung nicht nur Optimierungsforschung ist. Die Werbung ist Triebfeder der Dynamik im Mediensystem, sie ist Wirtschaftsfaktor und Kulturfaktor, sie ist für unser Zusammenleben und unsere Lebensweise so wichtig, dass wir es uns nicht leisten können, die Reflexion über die Erscheinungsformen, Rahmenbedingungen und Wirkungsweisen der Werbung ausschließlich der Branche selbst zu überlassen. Werbeforschung ist meiner Meinung nach nicht ausschließlich dazu da, Werbung wirksamer und damit im Sinne ihrer Auftraggeber besser zu machen. Werbung wissenschaftlich zu erforschen heißt für mich, auch solche Fragen zu stellen, für die in der Werbepraxis oftmals keine Zeit ist, für die wir aber dennoch dringend Antworten benötigen, weil Werbung eine einflussreiche gesellschaftliche Instanz ist.

Die Geschichte der Werbung, um die es im gleich folgenden 3. Kapitel geht, ist ein solches Thema. Geschichtsschreibung scheint gemessen an den Produktions- und Wirkungszyklen der schnelllebigen Werbung ein geradezu unendlich langsames und zeitraubendes Unterfangen zu sein. Dennoch lassen sich viele Lehren aus der Geschichte der Werbung ziehen, die auch dort relevant sind, wo es um die Bearbeitung zentraler Fragen unserer Zeit geht. Die Tatsache etwa, dass uns in der Werbung noch heute in schöner Regelmäßigkeit sogenannte Markenpersönlichkeiten begegnen, hängt ganz wesentlich damit zusammen, dass sich im Zuge der Industrialisierung im 19. Jahrhundert die Produktions- und Vertriebsweise von Waren grundlegend verändert hat. Persönliche Beziehungen zwischen Käufern und Verkäufern, wie sie noch heute im Begriff der Kundschaft (wie »Bekanntschaft«) durchscheinen, sind in Zeiten der Massenproduktion von Waren des täglichen Bedarfs in aller Regel eben nicht mehr möglich. Spätestens seit der industriellen Revolution im 19. Jahrhundert füllt die Werbung mit ihren Beziehungsangeboten in gewisser Hinsicht diese Lücke.

Heute ist die Werbung ein selbstverständlicher Bestandteil unseres Alltags. Wer produziert Werbung? Unter welchen Bedingungen geschieht das? Über welche Formen der Werbung reden wir? Darum geht es in den beiden folgenden Kapiteln. Im 4. Kapitel werden zunächst einmal Akteure, Märkte, Organisationen im Feld der Werbung behandelt.

Im 5. Kapitel geht es um Strategien und Formen der Werbung, die sich in den vergangenen Jahren entwickelt haben. In einer hochgradig vernetzten Medienwelt begegnet uns Werbung immer häufiger in Form von Kampagnen, die über verschiedene mediale Kanäle verbreitet werden. Ein bekannter Fall sind die kurzen Spots oder längeren Filme, die im Freundeskreis in aller Regel per E-Mail verschickt und weitergeleitet werden, so wie etwa die aufwendig produzierte Kurzfilmserie »The Hire« (BMW) oder der VW-Spot »The Force«, die auf YouTube viele Millionen mal angeklickt und weitergeleitet worden sind. Werbekampagnen, die in dieser Weise auf ihre Verbreitung setzen, werden oft als »virale« Kampagnen bezeichnet. Dabei ist diese Metaphorik bei näherem Hinsehen nicht ganz zutreffend. Neue Formen der Werbung, die sich in sozialen Netzwerken verbreiten, beeinflussen ihre Rezipienten eben nicht in derselben Weise wie Viren ihre hilflosen Opfer infizieren. Denn viele der neuen Werbeformen werden von ihren Betrachtern aktiv gesucht, genutzt und in privaten Netzwerken weiterverbreitet. Werbung, die sich durch die freiwillige Unterstützung von Rezipienten und Konsumenten selbstständig weiter verbreitet, findet oftmals jenseits der klassischen Medien statt. Sie kann daher aus Sicht der Werbetreibenden dazu beitragen, Kosten für die mediale Verbreitung ihrer Botschaften einzusparen. Für die Geschäftsmodelle im Mediensystem beinhaltet dies enormen Sprengstoff, weil sie die traditionelle Finanzierungsgrundlage der meisten Massenmedien gefährdet. Daher ist es wichtig, diese Entwicklung im Blick zu haben.

Im 6. Kapitel geht es um die Frage, welche Wirkungskalküle wir mit Blick auf die Herausforderungen einer sich rasant verändernden Werbelandschaft eigentlich in Anschlag bringen müssen, um verstehen zu können, wie Werbung heute wirkt, aber auch wie sich Rezipienten Werbung ihrerseits aneignen. Die Frage nach der Aneignung von Medien ist in der Vergangenheit vor allem mit Blick auf Unterhaltungs- und Informationsangebote gestellt worden. Hier liegt es sehr nahe, ganz bewusste Mediennutzungshandlungen zu unterstellen. Wer sich durch alle 52 Ausgaben der »Zeit« durcharbeitet, wer den »Spiegel« jede Woche kauft und aufmerksam liest, wer regelmäßig das Feuilleton der FAZ studiert oder zu den treuen Besuchern des Programmkinos um die Ecke gehört, der tut all dies in aller Regel bewusst und wahrscheinlich auch mit der Absicht zu verstehen, zu genießen, sich zu informieren oder sich zu unterhalten. Mit Blick auf die Werbung ist in diesem Sinne von bewussten Mediennutzungshandlungen nur selten die Rede. Werbung rauscht an vielen einfach vorbei. Was Rezipienten tatsächlich mit Werbung anstellen, diese Frage ist heute indessen wichtiger denn je und wird daher im zusammenfassenden 7. Kapitel dieses Buches noch einmal aufgeworfen.

3. Geschichte der Werbung

Dieses Kapitel zeichnet die wichtigsten Entwicklungslinien in der Geschichte der Werbung nach. Gegen Ende des 19. Jahrhunderts verlagert sich die Werbung aus den werbetreibenden Unternehmen heraus. Es formierten sich erste Agenturen, die sogenannten Annoncenexpeditionen. Hier arbeiten Werbeexperten, die sich als Mittler zwischen Werbetreibenden und den Medien verstehen. Die Werbung selbst fungiert aber noch in einem anderen Sinn als Mittler: zwischen Produzenten und Konsumenten, die sich auf den anonymisierten Märkten des beginnenden Industriezeitalters immer seltener persönlich begegnen. Die sich im 19. Jahrhundert rasant entwickelnden Massenmedien eröffnen für die Werbung neue Spielräume der Beziehungsproduktion.

Werbung hat eine lange Geschichte, und sie ist eine aufschlussreiche Quelle der Geschichtsschreibung. Mit Hilfe der Werbung lassen sich viele Geschichten schreiben, das ist gewiss: Wirtschaftsgeschichten etwa oder Sozialgeschichten, Kunstgeschichten oder Kulturgeschichten einer Epoche – nur: In der Zeit, in der diese Geschichten spielen, kommt in aller Regel niemand, nicht einmal die Macher selbst, auf die Idee, so etwas Banales und Alltägliches wie Werbung könne später einmal der historischen Selbstvergewisserung dienen. Von einigen Ausnahmen abgesehen, bestückt die Werbung eben kein Museum. Sie ist flüchtig, heißt das, meistens nicht der Rede wert. Sie wird aus den Augenwinkeln beobachtet, nebenbei gehört, schnell überblättert und in vielen Fällen ebenso schnell vergessen. Werbung versendet sich heute im wahrsten Sinne des Wortes und fällt damit aus dem Raster des kulturellen Gedächtnisses. Die Geschichte der Werbung ist eine Geschichte des Vergessens. So zutreffend dies ist, so klar lässt sich aber auch eine zweite, geradezu gegenläufige Entwicklungslinie in der Geschichte der Werbung nachzeichnen. Diese Entwicklungslinie beginnt, wie so vieles, was für die moderne Wirtschaftswerbung bis heute von entscheidender Bedeutung ist, gegen Ende des 19. Jahrhunderts. Damals hat eine Entwicklung eingesetzt, die die Werbung gewissermaßen in den Rang eines eigenständigen, wertvollen – und damit auch erinnerungswürdigen – Gegenstands erhoben hat. Damit soll nicht gesagt sein, dass alles, was uns heute als Werbung begegnet, auf dieser zweiten Entwicklungslinie einen strahlend hellen Punkt markiert. Aber man kann zeigen, dass jene unterhaltungs- und informationsorientierten Phänomene der Werbung, wie sie uns heute vor allem in digitalen Medienumgebungen begegnen, nicht vom Himmel gefallen sind.

Werbung wird ein Geschäft: Werbemakler, Werbeforscher, Werbekünstler

Die ersten gegen Ende des 19. Jahrhunderts gegründeten Werbeagenturen befanden sich recht genau in derselben Situation wie die werbetreibenden Unternehmen jener Zeit. Und sie entwickelten ganz ähnliche Strategien wie diese, um den neuen Herausforderungen zu begegnen, mit denen sie sich konfrontiert sahen. Die Unternehmen jener Zeit bewegten sich auf neuen Geschäftsfeldern, auf unübersichtlichen Märkten jenseits der überlieferten Geschäftswege. Auf Kundschaft im Sinne der abgeleiteten Wortbedeutung von »Bekanntschaft« konnten sie alle sich nicht mehr verlassen. Denn ihre

Geschäftsmodelle basierten ganz wesentlich darauf, Waren des täglichen Bedarfs massenhaft zu produzieren und abzusetzen. Massenproduktion und Massenkonsum bedingen sich gegenseitig.

Das auf persönlicher Bekanntschaft beruhende Vertrauen in die Qualität der Ware und die Zuverlässigkeit ihres Herstellers war unter den neuen, anonymen Bedingungen des Industriezeitalters auch aus Sicht der Käufer schon lange nicht mehr ohne Weiteres zu haben. Dieses Vertrauen musste also von den Unternehmen, der gleichen Logik folgend wie die massenhafte Produktion von Waren, systematisch mit hergestellt werden. Dies ist die Geburtsstunde der modernen Wirtschaftswerbung. Werbung trug dazu bei, dass Unternehmen expandieren konnten, indem sie genau jene Nachfrage schuf, die die Unternehmer voraussetzen mussten, wenn sie in teure Maschinen, in Fabriken und Arbeitskraft investierten. Werbung stellte von nun an aber auch selbst ein wirtschaftliches »Unternehmen« dar, das kalkulierbar sein musste, denn sie hatte ja eben maßgeblichen Anteil daran, dass die Rechnung der Unternehmer aufging.

Auf einmal waren in der Werbung Experten gefragt, deren Empfehlungen Gewicht hatten. Im Wesentlichen traten hier nun zwei Gruppen von Experten auf den Plan: Dies waren einmal Werbeforscher, wie die Psychologen Harlow Gale, Walter Dill Scott und später Hugo Münsterberg oder Daniel Starch, die zur Jahrhundertwende in ihren Laboren begannen, Antworten auf drängende Fragen der Werbepraxis zu geben. Dies waren zum anderen aber auch Werbekünstler wie Jules Chéret oder Henri de Toulouse-Lautrec, die im Zuge ihrer künstlerischen Arbeit ebenso wichtige Antworten auf wichtige Fragen der Werbepraxis gefunden hatten.

In dem Maße, in dem sich die industrielle Massenproduktion als Produktionsform durchsetzte und die Hersteller auf die technisch machbare und Stückkosten reduzierende Massenproduktion von Waren setzten, geriet die kalkulierbare

Abb. 4   Walter Dill Scott

Mit freundlicher Genehmigung der
Northwestern University Library,
Evanston, IL

Auslastung der Produktionskapazitäten zur entscheidenden
Zielvorgabe im Produktionsprozess. Unter diesen Bedingungen bedurfte es eben langfristig ausgerichteter Absatzstrate-
gien, die stabile Märkte und Marktanteile garantierten. Die
Werbung verpflichtete sich daher denselben Prinzipien wie
das produzierende Gewerbe und weitete damit das »Scientific Management«, die wissenschaftliche Planung im Sinne des
großen Rationalisierers der industriellen Massenproduktion,
Frederick Winslow Taylor, auf die massenhafte »Produktion«
von Konsumenten aus.

Werbung vermittelt Beziehungen

Die industrielle Massenproduktion hat also in einer tief ein-
schneidenden Weise das Geschäftsleben gegen Ende des
19. Jahrhunderts beeinflusst. Werbetreibende Unternehmen

mussten sich von nun an systematisch darum bemühen, Aufmerksamkeit zu »produzieren«. Werbepsychologen, Werbekünstler und die Medien halfen ihnen dabei. Wenn die erste Aufgabe der Werbung darin besteht, ihre eigene Leistung zu verkaufen, so zeigt dieser kurze Blick in die Geschichte der Werbung, besteht die zweite Aufgabe darin, Beziehungen herzustellen. Die Werbung hat in diesem Sinne spätestens seit dem 19. Jahrhundert ganz sicher eine gesellschaftliche Schlüsselposition eingenommen. Zunächst in Form der Anzeige und des Plakatanschlags, später im Rahmen der Presse entwickelte sich die Werbung überall dort zu einer Notwendigkeit, wo es darum ging, Investitionsrisiken zu minimieren oder den Mangel an traditionellen Beziehungen zu kompensieren.

Es ist gewiss kein Zufall, dass in dieser Zeit das moderne Warenhaus erfunden wurde. Mitte des 19. Jahrhunderts entstanden in den europäischen Metropolen Paris, London und wenig später Berlin die ersten »Konsumtempel« dieser Art. Ihre Betreiber boten Waren in Hülle und Fülle an, gleichsam wie auf einem orientalischen Basar. Sie setzten stark auf Werbung, auf Reklame, wie es zu jener Zeit noch hieß. Ja, man kann sagen, dass die gesamte Idee des modernen Warenhauses mit seiner spektakulären und überwältigen Inszenierung der Waren Werbung ist.

Noch bis ins 18. Jahrhundert hinein galt es in ganz Europa als »Gipfel der Schamlosigkeit«, den eigenen Absatz durch Preisunterbietungen oder marktschreierische Methoden zu Lasten eines anderen Anbieters zu erhöhen. Der Beginn moderner Werbung in Deutschland wird aus diesem Grund oftmals auf die Gewährung der Gewerbefreiheit (1869) sowie auf die Einführung gesetzlich geschützter Warenzeichen (1874) datiert. Der Wunsch, neue Märkte zu erobern, und nicht das Bedienen bereits abgesteckter Märkte sowie die gesellschaftsweite Akzeptanz des Konkurrenzprinzips stellen damit wichtige Entwicklungsbedingungen der modernen Werbung dar. Denn erst von dem Moment an, in dem sich Konkurrenz als

Abb. 5   Konsumtempel

Mit freundlicher Genehmigung der Galeries Lafayette, Paris Haussmann

Prinzip gesellschaftlich etablierte und legitim war, konnte sich jene Kommunikationsform voll entfalten, die den ökonomischen Wettstreit publik machte.

Auch wenn das Anzeigenwesen vor dem 19. Jahrhundert noch recht schwach ausgeprägt war, hatte bereits zu Beginn des 17. Jahrhunderts eine Diskussion um den gesellschaftlichen Nutzen der Anzeige eingesetzt. Einer der Ersten, der diesen Nutzen erkannte und die Idee eines offiziellen Anzeigenwesens in die Tat umsetzte, war der französische Hofarzt Théophraste Renaudot (1586–1653). Dieser gründete 1631 das *Bureau d'Adresses et de Rencontres,* wo jedermann, der ein Angebot oder ein Gesuch allgemein bekannt geben wollte, seinen Namen in Adresslisten eintragen konnte. Das erwies sich rasch als eine hilfreiche Institution, deren Wirkungsbereich jedoch stark beschränkt war, da man das Bureau persönlich aufsuchen musste, um sich über Angebote und Gesuche zu informieren. Es war daher eine konsequente Weiterentwicklung des ursprünglichen Vorhabens, als Renaudot im Jahr 1633 mit den *Feuilles du Bureau d'Adresses et de Rencontres* (also: Blätter des Adressenbüros) das erste Anzeigenblatt gründete, in dem vor allem Stellenangebote und -gesuche publiziert wurden. In Deutschland wurde das erste Anzeigenblatt erst rund 90 Jahre nach Renaudots Publikation 1722 von Anton Heinscheidt unter dem Titel *Wochentliche Franckfurter Frag- und Anzeigungs-Nachrichten* herausgegeben.

Es ist unschwer zu erkennen, dass bereits in den Anfängen des Anzeigenwesens eine wesentliche Funktion der Werbung darin bestand, zwischen den Marktteilnehmern zu vermitteln. Ebenso deutlich ist die bereits im 17. Jahrhundert sehr enge Verbindung zwischen der massenhaften Warenproduktion auf der einen und der massenhaften »Beziehungsproduktion« auf der anderen Seite. Diese sehr enge Verbindung bricht im späten 19. Jahrhundert vollends durch. Mit dem Anbruch des Industriezeitalters vergrößerte sich die Kluft zwischen den Marktteilnehmern, und der Geschäftsverkehr un-

Abb. 6   Der Markenartikel

1909

1946

1980

2005

Quelle: Maggi GmbH, Frankfurt a. M.

ter Fremden wurde zur Regel. Dies ist die Geburtsstunde des modernen Markenartikels. Der Markenartikel ersetzte in gewisser Hinsicht die verantwortliche Persönlichkeit des Verkäufers durch ein Bild oder ein Zeichen. Das ist wirklich eine erstaunliche Verringerung von Komplexität und eine wahre Errungenschaft. Sie funktioniert bis heute.

Birkel Nudeln (1874), *Maggi* Suppenwürze (1887), *Dr. Oetker* Backpulver (1892), *Leibniz* Kekse (1892), *Odol* Mundwasser (1893) – mit all diesen Markenartikeln traten unter den Bedingungen zunehmend anonymisierter Märkte nun »beziehungsfähige« Waren an die Stelle ehemals persönlicher Beziehungen zwischen Verkäufern und Käufern.

Die Werbung hat gleichsam bereits zur Jahrhundertwende vorweggenommen, was heute in Zeiten »sozialer Medien« wie Facebook oder YouTube unübersehbar geworden ist: Medien im Allgemeinen sind soziale Institutionen der Vergesellschaftung. Seit dem Zeitalter der Massenkommunikation ist das Beziehungsmanagement westlicher Gesellschaften grundsätzlich in Bewegung geraten. Und die Werbung hat einen ganz entscheidenden Anteil an dieser Entwicklung.

Werbung und das Zeitalter der Massenkommunikation

Wo es um die Anbahnung und das Fruchtbarmachen von Beziehungen geht, erzielt man in aller Regel um so größere Erfolge, je besser man sich kennt, je größer das Maß an wechselseitiger Sympathie ist und je häufiger man sich sieht. Dies gilt bei zwischenmenschlichen Beziehungen ebenso wie im Bereich der professionell betriebenen Werbung. In dem Maße, in dem die Werbung immer deutlicher die Aufgabe übernahm, zwischen Herstellern und Konsumenten eine Brücke zu schlagen, verloren gegangene Beziehungen neu zu knüpfen und zu pflegen, setzte sie immer stärker auf die möglichst genaue Ansprache ihrer Zielgruppen. Sie unterbreitete immer häufiger unterhaltsame und daher willkommene Angebote, und natürlich stellte sie sicher, dass es ausreichend Anlässe für einen Kontakt mit diesen Angeboten geben würde. Hiermit sind nun im Wesentlichen drei wichtige Entwicklungen angesprochen, die die Werbung seit dem ausgehenden 19. Jahrhundert immer stärker ins Zentrum westlicher Industriegesellschaften gerückt haben: (1) die Erfindung der Konsumenten- und Marktforschung, (2) die ästhetische Aufwertung der Werbung sowie schließlich (3) das rasante Wachstum des Mediensystems. Schauen wir uns im Folgenden diese drei verschiedenen, jedoch zusammenhängenden Entwicklungen ein wenig genauer an und beginnen mit der enormen Ausweitung von Medienangeboten und dem Wachstum des Mediensystems.

Das Wachstum des Mediensektors war im 19. Jahrhundert so groß, dass man das 19. Jahrhundert ohne Übertreibung als die Wiege der Massenkommunikation bezeichnen kann. Sichtbaren Ausdruck findet diese Entwicklung zunächst einmal im Erscheinungsbild der Metropolen jener Zeit: Paris, London, Wien, Berlin – überall hier prägen Zeitungsverkäufer, Plakate und werbliche Hinweisschilder das Erscheinungsbild der Stadt. Werbeplakate im Allgemeinen und die seit den 1890er Jahren in Mode gekommene Leuchtreklame im Besonderen versinnbildlichen geradezu die Aufbruchstimmung zur Jahrhundertwende. Die Großstadt war die Bühne der Industrialisierung, deren Kulisse war das Plakat. Bereits um die Jahrhundertwende warnten freilich bürgerliche Initiativen zum Wohle des Denkmalschutzes und der Heimatpflege vor der Verunstaltung des Orts- und Landschaftsbildes durch Plakatierung. Abhilfe versprach man sich sowohl von weniger als auch von ästhetisch ansprechenderen Plakaten. Der damaligen Forderung nach weniger Werbung im öffentlichen Raum, die sich vor allem gegen die rasch zunehmende Plakatierung der Städte sowie gegen die Streckenreklame an Verkehrswegen und Eisenbahnlinien richtete, entspricht noch heute die Wertschätzung für werbefreie Zonen. Die Forderung nach ästhetischer Verfeinerung findet sich ebenfalls nach wie vor, etwa in Appellen an die Kreativität der Werbetreibenden.

Im 19. Jahrhundert gewinnt neben dem Plakat vor allem die Zeitung für breite Gesellschaftsschichten zunehmend an Bedeutung. Ob Arbeiter oder Industrieller – seit dem ausgehenden 19. Jahrhundert beginnen sie alle sich der Zeitungslektüre zu widmen. In dieser Zeit steigt die Zahl der publizierten Zeitungstitel um ein Vielfaches, gegen Ende des 19. Jahrhunderts waren es in Deutschland bereits mehr als 3 000 Blätter. Die Auflagen nehmen in dieser Zeit ebenso zu wie die Erscheinungshäufigkeit der Zeitungen. Auch die Formate verändern sich. Zeitungen werden größer und bieten mehr Platz für Nachrichten, Berichte – und natürlich auch für Anzeigen. In den ersten Zeitungen des 17. Jahrhunderts galt Werbung noch als Nachricht aus dem Geschäftsleben und wurde ohne klare Trennung neben allen anderen Nachrichten publiziert. Bereits im 18. Jahrhundert rückten jedoch Nachrichten und Anzeigen formal auseinander. Letztere erhielten einen Platz und eine Form für sich. Im 19. Jahrhundert bilden sich zusätzlich die verschiedenen Ressorts heraus – Politik, Wirtschaft, Kultur, Sport, Lokales. Werbliche Anzeigen erscheinen von nun an in einem bestimmten Umfeld, von dem sie sich unterscheiden, mit dem sie aber auch in Wechselwirkung treten.

Die Zeitungshäuser jener Zeit konnten nun ihren Werbekunden immer größere Verbreitungskreise anbieten. Gerade für nationale Markenartikler war dies ein ganz wichtiges Versprechen. Leibniz-Kekse hatten in Hamburg die gleiche Qualität und den gleichen Preis wie in München. Die Zeitungen verbreiteten diese Botschaft im ganzen Land. Um große Verbreitungskreise erreichen zu können, mussten die Zeitungen freilich inhaltliche Angebote machen, die für alle Leser gleichermaßen relevant waren. Hier liegt die Wurzel der objektiven Berichterstattung. Denn wenn eine Zeitung unabhängig, ausgewogen und objektiv berichtet, lässt sie sich an linksstehende Leser ebenso wie an konservative verkaufen.

Neben dem Verkauf der Zeitung hatte sich der Verkauf von Anzeigenraum im 19. Jahrhundert zum wichtigsten finanziellen Eckpfeiler des Zeitungsgeschäfts entwickelt. Die durch diese Form von »Querfinanzierung« gestiegenen Erlöse im Zeitungsgeschäft sowie die durch technologische Neuerungen wie den Rotationsdruck und die Linotype-Setzmaschine gesunkenen Produktionskosten ermöglichten geringere Verkaufspreise der Zeitungen, was diese in der Folge wiederum noch attraktiver für breite Leserschichten machte. Die Massenpresse war geboren.

Der Wert eines Werbeträgers wie einer Zeitung oder einer Zeitschrift bemisst sich aus Sicht der Werbetreibenden nicht nur an der Größe des jeweils erreichten Publikums, sondern auch an dessen Struktur, der geographischen und sozialen Zusammensetzung. Ein Einzelhändler, der versucht, durch den Hinweis auf ein Sonderangebot möglichst viele Kunden in sein Geschäft zu locken, möchte natürlich vor allem diejenigen erreichen, die in der unmittelbaren Nachbarschaft seines Geschäfts wohnen. Denn hier ist die Wahrscheinlichkeit besonders groß, dass sich diese Leser der Anzeige auch tatsächlich motivieren lassen, in das Geschäft zu gehen. Werbetreibende kalkulieren bis heute einen genau berechneten Preis, der ihnen sagt, wie teuer es ist, mithilfe eines gegebenen Mediums Mitglieder ihrer Zielgruppe zu erreichen. Man nennt diesen Preis den Tausend-Kontakt-Preis (TKP). Dies ist der Preis, den ein Werbetreibender für die Veröffentlichung seiner Anzeige, seines Plakats oder seiner Hörfunkspots bezahlen muss, um genau 1 000 Personen aus seiner zuvor definierten Zielgruppe zu erreichen. Dieser Preis ist natürlich um so höher, je größer aus Sicht des Werbetreibenden der Streuverlust eines Mediums ist, das heißt, je mehr Personen durch die Anzeige des Werbetreibenden erreicht werden, die nicht zu seiner eigentlichen Zielgruppe gehören. Vor diesem Hintergrund lässt sich leicht verstehen, warum die Werbetreibenden des 19. Jahrhunderts sich bereits sehr bald dafür zu interessieren begannen, wer eigentlich die Zeitungen und Zeitschriften las, in denen sie Anzeigenraum gebucht hatten.

Während heute alle werbefinanzierten Medien sehr genau die Größe und soziodemographische Zusammensetzung ihres Publikums angeben können, waren zum Beginn der Massenpresse solche Daten noch weitgehend Mangelware. Nur wenige Verlage sammelten dieses Wissen systematisch. Jene Verlage, die es taten, behandelten ihr Wissen zunächst einmal wie ein wertvolles Betriebsgeheimnis. In akademischen Zirkeln wurde der Ruf nach einer systematisch betriebenen Zeitungsstatistik gegen Anfang des 20. Jahrhunderts laut. 1910 legte etwa der Soziologe Max Weber auf dem Ersten Deutschen Soziologentag seinen berühmt gewordenen Entwurf zu einer umfassenden Analyse des Zeitungswesens vor. In der Praxis waren es zunächst einmal die damaligen Werbeagenturen, die ihr Fachwissen einsetzten, um für die werbetreibenden Unternehmen verlässliche Entscheidungsgrundlagen zur Verfügung zu stellen. Wichtige Informationsquellen waren hier am Anfang vor allem die Zeitungs- und Zeitschriftenkataloge, in denen die verschiedenen zur Verfügung stehenden Pressetitel von den Agenturen für ihre Kunden aufgelistet wurden. Hier erhielten Werbetreibende alphabetisch sortiert, nach Themenschwerpunkten, Stadt, Region, Land geordnet, Auskunft über Zeitungen und Zeitschriften, Anzeigenpreise und -formate. Alle großen Anzeigen-Expeditionen jener Zeit gaben solche Kataloge heraus und leisteten damit einen wesentlichen Beitrag zur Professionalisierung der Budget-Verteilung ihrer Kunden. Solange die Agenturen sich jedoch auf die Vermittlung von Anzeigenraum konzentrierten, stand für ihre Werbetreibenden zu befürchten, dass die Agenturen mit den Presse-Unternehmen unter einer Decke steckten und zum ökonomischen Nachteil der Werbetreibenden mit diesen gemeinsame Sache machten. Erst der allmähliche Umbau der von den Agenturen angebotenen Dienstleistung sowie die Neuanpassung von Vergütungsmodellen änderte dies langsam und brachte die Agenturen als unabhängige Beratungsunternehmen in Stellung.

Erstaunlicherweise hat es etliche Jahrzehnte gedauert, bis sich die Leserschaftsforschung der Medienunternehmen selbst in Deutschland voll entfaltet hat. Einen wahren Wachstumsschub erlebte sie in Deutschland nämlich erst nach dem Zweiten Weltkrieg. So gründeten in den 1950er Jahren etwa eine Reihe von Verlegern mit der Media Analyse (heute AGMA e. V.) eine zentrale Stelle zur Erfassung der Reichweite und der Leserschaftsdaten von Zeitungen und Zeitschriften in Deutschland. Neben den eigenen Leserschaftsuntersuchungen der Verlage liegen heute eine Reihe solcher Analysen vor, wie etwa seit 1949 von der Informationsgemeinschaft zur Feststellung der Verbreitung von Werbeträgern (IVW) oder der Allensbacher Markt- und Werbeträger-Analyse (AWA).

Heute versorgen große Marktforschungsunternehmen wie AC Nielsen, GfK, Icon, tns oder Millward Brown das Werbesystem mit seiner Leitwährung: Daten über die Vorlieben und das Verhalten lukrativer Zielgruppen. Heutzutage werden ganz selbstverständlich Konsumentenprofile erstellt, wird bewertet, nach der Zufriedenheit gefragt, kann sich der Kunde ganz sicher sein, dass sein Wünschen unter der Dauerbeobachtung einer Schar unermüdlicher Helfer steht, die hinter den Kulissen am Werk sind. Die neuen digitalen Medien bieten dafür bisher ungeahnte Möglichkeiten.

4. Werbung als Geschäft: Akteure, Märkte, Organisationen

Werbung ist allgegenwärtig, ihre Macher fristen gemessen an der Bekanntheit ihrer Kreationen allerdings ein Schattendasein. Dieses Kapitel gibt einen Einblick in das Berufsfeld Werbung und die verschiedenen Tätigkeitsbereiche innerhalb von Werbeagenturen. Es zeigt, wie in der Praxis über strittige Formen der Werbung entschieden wird und welche Agenturformen die heutige Werbelandschaft prägen.

»Sagen Sie es nicht meiner Mutter, dass ich in der Werbung arbeite, sie denkt, ich sei Pianist in einem Bordell.« Jaques Séguéla, der große französische Präsidentenmacher, hat dies einmal gesagt. Er hat die Werbekampagne konzipiert, mit der François Mitterand Präsident wurde. Séguéla, einer der berühmtesten Werber Frankreichs, der in den 1980er und 1990er Jahren die Werbung regelrecht in den Rang einer Kunst erhob wie hierzulande etwa Michael Schirner, war ein Star der Branche, weit über die Grenzen Frankreichs hinaus. Was bedeutet es eigentlich, wenn ein Werber mit dem großen professionellen Ego eines Jaques Séguéla, der sich auf dem Cover seiner Bücher gerne als »Prophet« der Werbung feiern ließ, so zurückhaltend wird, ausgerechnet da, wo es um seinen eigenen Berufsstand geht? Woher kommt plötzlich die Bescheidenheit?

Wer sind die Werber?

Als Dienstleister stellen sich Agenturen voll und ganz hinter ihre Kunden. Werbepraktiker, die Macher der Kampagnen, die uns jeden Tag in den Medien begegnen, die Planer, Texter und Kreativen einer Agentur, treten in aller Regel hinter ihren eigenen Erzeugnissen zurück. Der Star ist die Marke, das Produkt, das Unternehmen. Werbung kann nur dann als Werbung funktionieren, wenn die bezahlten Medienangebote am Ende dem Kunden und eben nicht der Agentur zugeschrieben werden. In der öffentlichen Wahrnehmung treten Werbeagenturen damit gar nicht in Erscheinung. Obwohl Werbung in unserem Alltag kaum zu übersehen ist, ist den meisten Menschen nicht bekannt, wer sie plant und gestaltet, welche schlauen Köpfe dahinter stecken, welche Agenturen »in« sind und welche »out«. Nur Kenner der Branche reden über die unverwechselbare Handschrift einer bestimmten Agentur. Im Alltag hingegen bleibt uns nichts anderes übrig, als über die Werbung im Allgemeinen oder das »Coca-Cola-Feeling« im Besonderen zu reden.

Werbepraktiker machen sich also von Berufs wegen kleiner, als sie eigentlich sind. Dies ist *eine* Erklärung für die Zurückhaltung Jacques Séguélas. Eine zweite Erklärung besteht aber darin, dass Séguéla möglicherweise die öffentliche Einstellung und die weit verbreiteten Vorbehalte gegenüber der Werbung und ihren Machern aufs Korn nimmt. Bekannte Meinungsforschungsinstitute wie etwa die Gesellschaft für Konsumforschung (GFK) oder das Meinungsforschungsinstitut Forsa führen jedes Jahr repräsentative Umfragen durch, in der die Berufe mit dem höchsten und niedrigsten gesellschaftlichen Ansehen abgefragt werden.

Regelmäßig landen Feuerwehrleute, Kranken- und Altenpfleger, Ärzte, Kindergärtnerinnen, Polizisten und Piloten auf den ersten Plätzen. Ganz am Ende rangieren in aller Regel Steuerbeamte, Gewerkschaftsfunktionäre, Politiker und eben Mitarbeiter von Werbeagenturen. Diese Umfragen unterschätzen das Image von Werbern sicherlich, aber dennoch zeigen sie etwas ganz Wichtiges: Sie zeigen, wie viel wir vermuten, wie wenig wir aber wirklich wissen über das Berufsfeld Werbung. Wer arbeitet eigentlich in Werbeagenturen? Welche Anforderungen stellt die berufliche Praxis in einer Agentur? Gibt es Werbeberufe auch jenseits von Agenturen? Unter welchen Bedingungen werden werbliche Medienangebote geplant, produziert und verbreitet? Wie oft reden wir über die Werbung, wie wenig wissen wir doch über ihre Macher. Und das gilt auch für die wissenschaftliche Werbeforschung. Systematische Erhebungen zum Berufsfeld Werbung stehen daher in Deutschland auf der Wunschliste der Werbeforscher. Die bislang vorliegenden Befunde in Bezug auf das Berufsfeld Werbung sind bruchstückhaft und stehen oftmals unverbunden nebeneinander. Man kann sich mit ihrer Hilfe daher nur einen ersten Eindruck verschaffen – versuchen wir es.

Forschungseinrichtungen der Agentur für Arbeit wie etwa das Institut für Arbeitsmarkt- und Berufsforschung bieten zum Beispiel einen ersten Zugang. Sie haben jedoch eine Schwachstelle, da sie ausschließlich Daten zu sozialversicherungspflichtigen Beschäftigten erheben. Das Heer an Freiberuflern, das geradezu charakteristisch für den Medienbereich und auch für die Werbebranche ist, wird dadurch systematisch ausgeblendet. Auch wenn man also die Statistiken vorsichtig verwenden sollte, geben sie eine Reihe interessanter Einsichten.

In der Werbung sind im Vergleich zu anderen Berufsfeldern überproportional viele Frauen beschäftigt. Insgesamt weist die Statistik für das Jahr 2011 rund 115 000 Arbeitnehmer und Arbeitnehmerinnen in Deutschland als sozialversicherte Werbefachleute aus. Mehr als die Hälfte dieser Beschäftigen sind Frauen. Wie in vielen anderen Branchen auch gibt es dabei allerdings eine gläserne Decke, an die Frauen oftmals stoßen, wenn sie sich auf der Karriereleiter nach oben arbei-

Abb. 7   Forsa Berufsumfrage

	2008 in %	2010 in %	2012 in %	Veränderung 2008–2012
Feuerwehrmann	91	92	95	+4
Kranken-/Altenpfleger	86	88	91	+5
Arzt	85	84	89	+4
Kita-/Kindergarten-mitarbeiter	–	–	87	/
Polizist	78	80	86	+8
Pilot	85	84	83	−2
Richter	79	80	79	0
Müllmann	64	66	79	+15
Hochschulprofessor	–	–	74	/
Lehrer	63	66	73	+10
Lokführer	65	69	71	+6
Techniker	63	64	69	+6
Briefträger	54	57	68	+14
Dachdecker	57	60	66	+9
Lebensmittel-kontrolleur	–	–	64	/
Soldat	–	–	61	/
Unternehmer	60	58	56	−4

	2008 in %	2010 in %	2012 in %	Veränderung 2008–2012
Anwalt	60	57	56	−4
Studienrat	52	54	56	+4
Journalist	45	45	46	+1
Steuerberater	47	44	43	−4
EDV-Sachbearbeiter	41	39	41	0
Bankangestellter	41	32	36	−5
Beamter	31	32	36	+5
Steuerbeamter	31	35	32	+1
Gewerkschaftsfunktionär	25	28	30	+5
Manager	36	29	29	−7
Politiker	21	23	19	−2
Mitarbeiter einer Telefongesellschaft*	14	16	19	+5
Mitarbeiter in Werbeagentur	17	14	15	−2
Versicherungsvertreter	12	10	11	−1

* bis 2011: Telekom-Mitarbeiter; nicht abgefragt: –
Quelle: dbb Bürgerbefragung öffentlicher Dienst 2012/forsa

ten. Auch in der Werbung werden Führungspositionen häufiger mit Männern als mit Frauen besetzt. Werbefachleute sind deutlich jünger als der Durchschnitt aller Beschäftigten, auch dies zeigt die Branchenstatistik. Dies betrifft vor allem die Altersgruppe der zwischen 25- und 35-Jährigen, die mit fast 40 % der in der Werbung Beschäftigten nahezu doppelt so groß ist wie in anderen Berufsfeldern.

Wissenskulturen im Feld der Werbung: zählen und erzählen

Neben den einfachen Strukturdaten zum Arbeitsmarkt sowie den Berufsfeldstudien der Branchenverbände liegen eine Reihe vertiefender Untersuchungen der akademischen – vor allem der wirtschaftswissenschaftlichen und berufssoziologischen – Forschung zu den Berufsfeldern der Werbung vor. Einen besonderen Schwerpunkt bildet in der bisherigen Forschung die Analyse von Konflikten zwischen verschiedenen Berufsgruppen. Diese Konflikte resultieren aus einer Dauerproblematik, die die Werbepraxis seit jeher beschäftigt hat und die spätestens seit der sogenannten kreativen Revolution in der Werbung besonders drängt: die Integration sehr unterschiedlicher Wissens- und Arbeitskulturen. Und das geht nicht immer ohne Reibungen. Werbung muss effizient sein und sich in das Gewinn-Denken der werbetreibenden Unternehmen nahtlos einfügen. Werbung muss sich lohnen, Werbeinvestitionen müssen aus Sicht der werbetreibenden Unternehmen nachvollziehbar und begründbar sein. Wären sie es nicht, könnte sie der Produktmanager im werbetreibenden Unternehmen gegenüber seinen Vorgesetzten nicht vertreten. Zugleich muss Werbung kreativ und überraschend sein. So paradox sich das anhört, aus Sicht des Werbetreibenden ist gute Werbung zunächst einmal nicht planbar. Warum sonst sollte ein Unternehmen eine Agentur beschäftigen, wenn es selbst eine faszinierende Werbekampagne entwickeln könnte? Werbeagenturen haben die Daueraufgabe, ihren Kunden zu beweisen, dass sie in diesem Sinne eine kreative Dienstleistung anbieten.

In den vergangenen Jahren habe ich viele Gespräche und Interviews mit Geschäftsführern und leitenden Mitarbeitern von Werbeagenturen geführt. Dabei wurde deutlich, wie wichtig es aus der Sicht der Werber ist, ihren Kunden genau diese Beratungsleistung zu verkaufen. Die Werber sehen es als eine ihrer wichtigsten Aufgaben an, dem Kunden der Agentur klarzumachen, was er eigentlich will. In der Beziehung zwischen einer Agentur und einem werbetreibenden Unternehmen ist dies gewissermaßen der Dreh- und Angelpunkt: die Definition von Problemen. Je besser es der Agentur gelingt, hier Einfluss auszuüben, desto eher wird es ihr gelingen, die Probleme des Werbetreibenden so zu definieren, dass sie für die Agentur auch tatsächlich lösbar sind.

Seit vielen Jahren hat sich dabei der wachsende Einfluss der kommerziellen Marktforschung stark ausgewirkt. Marktforschungsdaten stellen heute die Basis nahezu jedes Werbegeschäfts zwischen Agenturen und Agentur-Kunden dar. Im Kontext digitaler Medien entstehen neben den klassischen Kommunikationsdisziplinen, die bisher von großen Werbeagenturen abgedeckt wurden, im raschen Wandel neue Kommunikationsformen: Advergames, Branded Entertainment, Mobile Marketing etc. Gemessen an der klassischen Werbung bedeutet dies eine enorme Ausweitung an verfügbaren Kanälen. Jeder dieser neuen Kanäle wird nun zusätzlich beforscht, mit Daten angereichert, die es zusätzlich zu berücksichtigen und ins Kalkül zu ziehen gilt. Eine drängende, jedoch bislang ungeklärte Frage ist dabei, wie sich diese vielen Daten aus unterschiedlichen Quellen in ein Erklärungs- und Vorhersagemodell integrieren lassen. Unternehmen wollen nämlich ganz genau wissen, welcher Medienkanal, über den sie ihre Werbung verbreiten, ihnen wie viel bringt.

Während nun auf der einen Seite die gestiegene Bedeutung von Daten für die Werbepraxis unabweisbar auf der Hand liegt, lässt sich ebenso klar beobachten, wie dieser Datendruck im Rahmen der Werbe-Produktion oftmals als Widerstand, ja sogar als Hindernis empfunden wird. Dies ist ein Hindernis, das die verantwortlichen Kreativen nach eigener Aussage in vielen Fällen geradezu davon abhält, innovative Ideen hervorzubringen. Das Hauptproblem, darin stimmen die meisten Beobachter überein, besteht darin, die unterschiedlichen Wissenskulturen der an der Planung und Gestaltung von Werbekampagnen beteiligten Experten zusammenzuführen und auf ein gemeinsames Ziel hin auszurichten. Dies ist keine leichte Aufgabe, wenn man bedenkt, wie viele Personen an der Entwicklung einer Kampagne beteiligt sind und wie verschieden die jeweiligen Erfahrungs- und Bildungshintergründe sind. In einer Agentur arbeiten Wirtschaftswissenschaftler, Medien- und Kommunikationswissenschaftler, Designer, Germanisten, Studienabbrecher und andere Quereinsteiger. Folgt man den Auskünften meiner Gesprächspartner, dann ist das Spektrum an möglichen Berufsbiographien in der Werbung wirklich beeindruckend. Da ist die Rede von geläuterten Fußballhooligans, von gefallenen Geistlichen und ehemaligen Vogelzüchtern. Die Wirklichkeit der Werbung ist vermutlich nicht ganz so schillernd, wie es die Aussagen mancher Praktiker nahelegen. Auch für die kreativen Berufe haben sich in den vergangenen Jahrzehnten Ausbildungsstandards durchgesetzt, zum Beispiel in der Ausbildung von Textern und Designern. Wenn Werbepraktiker also die außergewöhnlichen Bildungs- und Berufslaufbahnen ihrer Kollegen erwähnen, dann steckt dahinter in manchen Fällen sicherlich auch der mehr oder weniger bewusste Versuch, die typischen Erwartungen, die an die Werbebranche gerichtet werden, zu bedienen.

Dennoch lässt sich sagen, dass die Verantwortlichen in Werbeagenturen eine große Integrationsleistung zu vollbringen haben. Diese Aufgabe liegt vor allem bei den sogenannten

Kundenberatern einer Werbeagentur. Sie vertreten die Agentur gegenüber dem Kunden, aber auch den Kunden gegenüber der Agentur. Sie fungieren damit gewissermaßen als »Puffer« zwischen sehr verschiedenen Arbeits- und Wissenskulturen. Dies ist eine der wichtigsten Aufgaben, die Berater tagtäglich zu lösen haben. Spricht man mit Werbepraktikern, dann erhält man Beschreibungen wie diese: In der Beratung sitzen Menschen mit ökonomischen Sachverstand, in der Kreation sitzen die Freigeister. Auf der einen Seite haben es Berater mit kühl rechnenden Kunden zu tun und auf der anderen mit schöpferisch tätigen Kreativen. Natürlich werden in vielen Fällen wohl auch bewusst Klischees aufgerufen, um die Andersartigkeit der Agentur und den geradezu anti-bürokratischen Stil ihres kreativen Personals zu unterstreichen. Aber trotzdem: Der Wert der Agenturarbeit bemisst sich heute daran, wie gut es ihr gelingt, das Team, den Clan um das Lagerfeuer zu versammeln, an dem alle andächtig einer Geschichte lauschen.

Im Rahmen der Strategieentwicklung besteht die zentrale Herausforderung in Werbeagenturen zunächst einmal darin, den vermeintlichen »Kreativitätskiller« Forschung so lange zu verdichten und durch zusätzliche Information anzureichern, bis das in aller Regel marktforschungsgesättigte Briefing des Kunden für die »schönheitsgetriebenen« Kreativen anschlussfähig ist. Mit Blick auf diese zentrale Herausforderung setzen Agenturen zahlreiche informelle Verfahren und quasiwissenschaftliche Methoden ein, um diese Übersetzungs- und Verdichtungsleistung zu bewerkstelligen. Werbeagenturen geht es beim Einsatz solcher informellen Verfahren weniger darum, Zielgruppen, Marken und Märkte repräsentativ zu analysieren oder gar detailliertes wissenschaftliches Wissen in Bezug auf Werbewirkungsprozesse zu generieren. Vielmehr geht es darum, kreative Prozesse innerhalb der Agentur anzustoßen, zu fundieren und mit Leben zu füllen. Agenturen setzen zu diesem Zweck auf improvisierte Umfragen aller Art, auf Ad-hoc-Inhaltsanalysen von Blogs, Foren und Datenbanken, auf verdeckte teilnehmende Beobachtungen und vieles mehr. In der Tat ist die Werbung innerhalb der Kreativwirtschaft ein mustergültiges Beispiel für die Überwindung der Kluft zwischen unterschiedlichen Wissenskulturen. Denn bei näherem Hinsehen haben heute sehr viele Branchen dasselbe Problem wie die Werbung: Daten spielen eine immer wichtigere Rolle – aber wie bringt man das seinen kreativen Mitarbeitern bei? Buchverlage stellen sich diese Frage heute ebenso wie die gesamte Film- und Unterhaltungsindustrie.

Dass in der Werbepraxis die Notwendigkeit von Brückenschlägen zwischen verschiedenen Wissenskulturen zugenommen hat, hängt noch mit einer anderen Entwicklung zusammen. In der Werbebranche hat, wie in vielen Kommunikationsbranchen auch, das Pendeln zwischen verschiedenen beruflichen Erwerbsquellen zugenommen. Ein großer Teil der freien Mitarbeiter muss beruflich auf mehreren Hochzeiten tanzen, um über die Runden zu kommen. Neben der Tätigkeit in der Werbung arbeiten viele in den benachbarten Branchen der Öffentlichkeitsarbeit und des Journalismus.

Selbstregulierung und Rollenkonflikte

Vor allem in der Werbung, die für die Verbreitung in digitalen Medien geplant und gestaltet wird, vermischen sich oftmals bestehende werbebezogene Standards mit neuen, ehemals branchenfremden Standards. Der Orientierungsbedarf von Seiten der Werber ist hier groß. Groß ist oft aber auch die Ambition der Werber, die technischen und ästhetischen Möglichkeiten der neuen Medien voll auszuschöpfen. Vor einiger Zeit hatte ich die Gelegenheit, mit dem Geschäftsführer einer namhaften Werbeagentur über vorbildliche Praxisbeispiele der Werbung im Netz zu diskutieren. Er nannte das Beispiel einer Wodka-Marke, die eine Onlineseite betrieb, auf der man mit dem Einsatz seiner Facebook-Identität russisch Roulette spielen kann. Hier braucht die Branche sicherlich bessere Vorbilder. Bis sie sie gefunden hat, tut Aufsicht not.

Wo es um Werbung in den klassischen Massenmedien geht, können sich Werbetreibende auf eine vergleichsweise klar definierte Rechtslage sowie auf eine bewährte Praxis der Selbstregulierung stützen. Anders verhält es sich im Falle neuer Werbeformen, bei denen verbindliche Normen und ethische Standards noch nicht voll ausdifferenziert sind.

Im Bereich der klassischen Werbung in Zeitungen und Zeitschriften, im Fernsehen und Hörfunk sowie auf Plakaten ist hierzulande das zentrale Organ der Werbeselbstkontrolle der Deutsche Werberat. Der Deutsche Werberat ist ein vom Zentralverband der Deutschen Werbewirtschaft (ZAW) gegründetes und seit nunmehr 40 Jahren getragenes Organ der freiwilligen Selbstkontrolle der Werbewirtschaft in Deutschland. Er versteht sich als Vermittler zwischen Beschwerdeführern und Werbewirtschaft. Prinzipiell kann jeder Beschwerden beim Deutschen Werberat vorlegen. Seit einigen Jahren ist dies übrigens auch online möglich, was das Beschwerdeverfahren erheblich erleichtert hat (http://www.werberat.de/beschwerdeformular). Als Bewertungsgrundlage dienen die Rechtsprechung im Allgemeinen sowie die werberechtlichen Vorschriften im Besonderen, die Verhaltensregeln des Werberats sowie allgemeine Werte und Normen. Die selbst auferlegten Verhaltensregeln des Deutschen Werberats betreffen vor allem die Werbung vor und mit Kindern, die Werbung für alkoholhaltige Getränke, die Herabwürdigung und Diskriminierung von Personen in der Werbung sowie die Werbung mit unfallriskanten Bildmotiven und Geräuschen (Werbung im öffentlichen Raum). Der häufigste Beschwerdegrund ist seit vielen Jahren die Diskriminierung und Herabwürdigung von Frauen in der Werbung. Wenn auch der Deutsche Werberat nicht mehr als eine öffentliche Rüge aus-

sprechen kann, besitzen seine Interventionen einen Orientie-
rungswert für die Werbebranche.

Wenn man sich auf der Webseite des Deutschen Werberats
(www.werberat.de) anschaut, welche werbetreibenden Unternehmen in den vergangenen Jahren öffentlich gerügt worden
sind, dann fällt auf, dass hier vor allem kleine bis mittelstän-
dische Unternehmen zu Buche schlagen. Da ist der Stucka-
teurmeister Fischbach aus Gelsenkirchen, der mit einem an-
züglichen Werbesujet auf sich aufmerksam machen will. Da
ist der PC Fritz aus Berlin, der gleich mit zwei Kampagnen-
motiven unter die Gürtellinie zielt. Da sind Car Clean aus
Hoyerswerda, die Metzgerei Mayer aus Landshut und Bob's
Gastro GmbH aus Augsburg. Sie alle vergreifen sich vor allem
mit frauendiskriminierenden Motiven stark im Ton. Sie alle
sind jedoch vergleichsweise kleine Unternehmen, die in der
Regel von ebenso kleinen Agenturen schlecht beraten worden
sind. Große Agenturen und ihre ebenso großen Kunden sind
am öffentlichen Pranger des Deutschen Werberats indessen
so gut wie nie zu sehen. Im Bereich der Werbung in klassischen Medien gehört ethische Sensibilität zum Handwerks-
zeug der professionellen Werbung. Das ist die gute Nachricht.
Die schlechte Nachricht lautet: Im Bereich der digitalen Medien, in denen auch bei großen Werbeagenturen heute noch
viel Unsicherheit und Unkenntnis in Bezug auf normative
Standards vorherrscht, gibt es erst seit April 2012 ein eigenes
Selbstkontrollorgan, den Deutschen Datenschutzrat Onlinewerbung (DDOW). Besonders wichtig ist ein Kontrollorgan
im Bereich der digitalen Medien, weil Werbung auf Handys,
Computern und Spielkonsolen, in sozialen Online-Netzwer-
ken und Foren einen vergleichsweise freien Zugang zu bislang geschützten Segmenten des Publikums gestattet: zu Kindern und Jugendlichen, deren »Immunsystem« den in aller
Regel unterhaltungsbasierten Fremdsteuerungsversuchen der
Werbung noch nicht gewachsen ist. Auch im Kontakt mit jungen Zielgruppen stellt das Sammeln und Verarbeiten sensib-

ler Daten eine Standardprozedur dar, was besonders problematisch ist, da junge Menschen bereitwillig viele persönliche Informationen online von sich preisgeben.

Werbeagenturen

Viele der Probleme, denen man im Feld der Werbung heute begegnet, resultieren daher, dass Werbung inzwischen eine Vielzahl von Maßnahmen umfasst, die weit über das Angebot klassischer Werbeagenturen hinausgehen. Vor dem Hintergrund dieser enormen Ausweitung des Leistungsspektrums wird seit etlichen Jahren immer wieder das Ende der klassischen Werbung und ihres Flaggschiffs, der Full-Service-Agentur, ausgerufen. Eines der wichtigsten Argumente lautet, dass Unternehmensberatungen, PR-Agenturen und andere hochspezialisierte Anbieter von Kommunikationsdienstleistungen im Grunde die besseren, weil effektiveren Werber seien. Wenn auch das Ende der klassischen Werbung sowie das Ende der Full-Service-Agentur nach wie vor auf sich warten lässt, ist es kaum von der Hand zu weisen, dass eine Vielzahl von Spezialagenturen in den vergangenen Jahrzehnten an Bedeutung und Einfluss im Werbesystem gewonnen haben. Dies ist vor allem deswegen der Fall, weil aus Sicht der werbetreibenden Unternehmen die Zusammenarbeit mit kleineren und beweglicheren Spezialagenturen große Vorteile bietet. Nicht nur die bessere Risikostreuung spielt hier aus Sicht der Werbetreibenden eine wichtige Rolle, auch die Erfahrung bei der Bearbeitung spezifischer Probleme kann den Ausschlag für die gezielte Zusammenarbeit mit einer Spezialagentur geben.

Eine Vielzahl von Spezialagenturen bietet inzwischen ihr Know-how zur Lösung spezifischer Probleme an. Wer verstärkt auf Sonderwerbeformen wie Sponsoring, Events oder Promotion setzt, der ist gut bei einer jener Spezialagenturen beraten, die sich seit 1996 unter dem Dach des Fachverbands für Sponsoring und Sonderwerbeformen (FASPO) zusammengeschlossen haben. Für den Markt der jungen und trendigen Zielgruppen gibt es inzwischen ebenso spezialisierte Agenturen wie für den immer wichtigeren Markt der Alten. Wer gezielt homosexuelle Zielgruppen ansprechen möchte, kann sich in diesem Marktsegment ebenso auf die Erfahrung von Experten verlassen wie derjenige, der sich verstärkt an ausländische Mitbürger richtet.

In den vergangenen Jahren haben sich vor allem die sogenannten Media-Agenturen als wichtige Spezialanbieter im Markt etabliert. Diese Entwicklung hängt ganz wesentlich mit der deutlichen Zunahme an Werbeträgern zusammen: Hunderte von Tages-, Wochen- und Sonntagszeitungen, mehr als 1 000 Anzeigenblätter, jeweils nahezu 1 000 Publikums- und Fachzeitschriften, über 100 unterschiedliche Fernsehprogramme sowie mehr als 300 Hörfunkprogramme, zahlreiche Online-Angebote, Plakatflächen, Kinos sowie eine Vielzahl anderer Werbeträger konkurrieren allein in Deutschland um die Aufmerksamkeit der Rezipienten ebenso wie um die Gunst der Werbetreibenden. Angesichts eines derart breit gestreuten Angebots an Werbeträgern ist es schon lange keine leichte Entscheidung mehr, wann und wo welches werbliche Medienangebot für welche Zielgruppe am besten platziert werden kann. Genau diese Beratungs- und Vermittlungsfunktion übernehmen heute die Media-Agenturen, ganz ähnlich wie früher die Insertions-Agenturen und Annoncen-Expeditionen.

Werbeagenturen bieten heute immer mehr unterschiedliche Dienstleistungen an, die sie dann aber in der Folge auch systematisch aufeinander abstimmen müssen. Agenturen und Agenturkunden haben dabei zuweilen unterschiedliche Vorstellungen darüber, wer die Steuerung des gesamten Prozesses übernimmt. In gleicher Weise bestehen auch innerhalb einer Agentur unterschiedliche Vorstellungen darüber, welcher der beteiligten Kommunikationsexperten die Führung übernimmt. Mit der Ausweitung des Leistungsspektrums, das durch eine Agentur abgedeckt wird, so lässt sich die Hauptrichtung der gegenwärtigen Entwicklung zusammenfassen, nimmt die Komplexität des Entscheidungsprozesses zu, werden Grabenkämpfe zwischen den beteiligten Experten wahrscheinlicher, wird Überblickswissen über das Angebot von Spezialdienstleistern im Feld der Werbung immer wichtiger.

Laut Angaben des Statistischen Bundesamtes für 2011 bezeichnen sich in Deutschland rund 26 000 Unternehmen als »Werbeagenturen«. In diesen Agenturen sind wiederum rund 230 000 Personen beschäftigt. Die Zahl an tatsächlich in der Werbung beschäftigen Personen ist damit rund doppelt so groß wie die Zahl der sozialversicherungspflichtig in der Werbung Beschäftigten. Das liegt daran, dass die vielen in der Werbung tätigen Freiberufler ebenso wie die selbstständigen Werbefachleute von der Sozialversicherungspflicht befreit sind. In weiten Teilen der Kreativwirtschaft findet man ganz ähnliche Zahlen. Das trifft auch für das Thema Arbeitslosigkeit zu. Die Arbeitslosenquote ist in der Werbung oftmals höher als in anderen Wirtschaftszweigen. Gleichzeitig sind jedoch weniger Werbefachleute länger als ein Jahr arbeitslos gemeldet als der Durchschnitt der Beschäftigten. Hinter diesen Zahlen steckt eine weitere Besonderheit, die typisch für viele Berufe der Kreativwirtschaft und der Werbung ist: das hohe Maß an Jobrotation. Auch in der Werbung gibt es selbstverständlich viele Berufe, wie etwa den des Kundenberaters, die ein hohes Maß an Konstanz erfordern. Zu den wichtigsten Aufgaben eines Kundenberaters gehört es immerhin, den Kontakt zu Kunden aufzubauen, zu pflegen und dadurch zu erhalten. Es ist einleuchtend, dass Agenturen daher auf dieser Position zumindest für die Dauer der Geschäftsbeziehung mit dem Agenturkunden in besonderer Weise darauf setzen, ihre Berater an sich zu binden. In den Kreativabteilungen hingegen sind Jobrotationen weitaus häufiger der Fall. Denn Agenturen setzen an dieser Stelle immer wieder auf frischen Wind und kreativen Input von außen. Aus Sicht der Agenturen ist dies sicherlich eine rationale Strategie, um mit der stets unberechenbaren Entwicklung gesellschaftlicher Moden und Stile Schritt halten zu können. Aus Sicht der betroffenen Arbeitnehmer birgt diese Form der organisierten Jobrotation aber auch persönliche Risiken, die mit dem Wechsel wenn nicht sogar mit dem vorübergehenden Verlust eines Arbeitsplatzes verbunden sind. In der Werbebranche hat sich wie in vielen anderen Branchen der Kreativwirtschaft freilich eine Strategie zur Abmilderung dieser Risiken entwickelt. Diese Strategie besteht in der Herausbildung lokaler Werbezentren wie Hamburg, Düsseldorf, Frankfurt, Stuttgart, München und natürlich Berlin. Überall hier finden sich besonders viele Agenturen unterschiedlicher Größe und Spezialisierung. Ein Jobwechsel ist daher für einen Werber in Hamburg oder Stuttgart mit weitaus weniger Risiken und sozialen Kosten verbunden als in Oldenburg: Man behält die Wohnung, die Kinder können weiter in ihre Schule gehen, und der Freundeskreis bleibt – auch, wenn man zu einer anderen Agentur wechselt.

Die Zahlen des Statistischen Bundesamtes sind auch noch in einer anderen Hinsicht aufschlussreich. Sie zeigen sehr deutlich, dass Werbeagenturen mit durchschnittlich rund neun Beschäftigten eher kleine Unternehmen sind. Gemessen an der großen Zahl an Unternehmen, die in der Statistik als Werbeagenturen aufgeführt werden, sind doch nur vergleichsweise wenige dieser Agenturen in Deutschland in der Lage, große international sichtbare Werbekampagnen zu entwickeln. Dies machen eine Handvoll, dafür jedoch sehr große Agenturen, die ihrerseits den Löwenanteil der in Deutschland von werbetreibenden Unternehmen investierten Mittel einstreichen.

Agenturnetzwerke

Die professionelle Leistung einer Agentur ist abhängig von der Art und Weise, in der die Vergütung der Agentur erfolgt, sie basiert aber auch auf organisierten Prozessen der Arbeitsteilung. Dabei ist es natürlich von ganz wesentlicher Bedeutung, wie groß eine Agentur ist. Größenunterschiede zwischen Agenturen führen nicht nur zu verschiedenen Formen der Arbeitsteilung innerhalb der Agenturen, sondern auch zu verschiedenen Modellen der Kooperation zwischen Agenturen. Die meisten Werbeagenturen in Deutschland sind, wie gesagt, sehr kleine Unternehmen mit weniger als zehn Beschäftigten. Solche kleineren, in aller Regel inhabergeführten Werbeagenturen konkurrieren mit anderen Agenturen. Sie kooperieren jedoch auch punktuell mit diesen, etwa um bei saisonalen Spitzenauslastungen personelle Engpässe auszugleichen oder um gezielt spezifische Fachkompetenzen einzukaufen. Aus Sicht der beteiligten Agenturen bietet diese Form der Kooperation den Vorteil, dass sie ökonomisch und rechtlich eigenständig bleiben und zugleich eine umfassende Dienstleistung anbieten können, ohne dabei jedoch in eigene Strukturen investieren zu müssen. Kooperationen dieser Art finden sich nicht nur zwischen Werbeagenturen, die einen gleichermaßen umfassenden Service anbieten, sondern regelmäßig auch zwischen kleineren Agenturen und Anbietern von Spezialdienstleistungen.

In nicht wenigen Fällen schließen Agenturen langfristige vertragliche Vereinbarungen ab, auf deren Grundlage sie wechselseitig vorhandene Standortvorteile, Kompetenzen und Kontakte nutzen. Diese langfristige vertragliche Bindung ist dabei nicht nur ein Vertrauen stiftendes Signal an die Werbekunden, sondern führt auch innerhalb des Agentur-Verbunds zu genau jener wechselseitigen Verpflichtung, die notwendig ist, um ehemaligen Mitbewerbern getrost lukrative Geschäftsbereiche zu überlassen. Vor allem kleinere inhabergeführte Agenturen sehen sich zunehmend mit Kunden konfrontiert, die in immer stärkerem Maße auf internationalen Märkten agieren und daher von einer professionellen Agentur internationale Erfahrung verlangen. Für kleinere Werbeagenturen bietet der Agentur-Verbund hier nun die Möglichkeit, ihre Selbstständigkeit zu bewahren und auf die Fachkompetenz von Spezialagenturen sowie die Standortvorteile ortsansässiger Agenturen zurückzugreifen, wiederum ohne in eigene Strukturen investieren zu müssen.

Viele Agenturen kooperieren im Rahmen von Agentur-Networks. Solche Networks sind ein fester Verbund von Agenturen, die unter dem gemeinsamen Dach einer Network-Holding auftreten. Auch ist hier die Zusammenarbeit vertraglich bindend geregelt. Auch hier besteht ein wesentlicher Vorteil aus Sicht der Werbetreibenden in dem vergleichsweise breit gestreuten Leistungsportfolio, das Network-Agenturen anbieten, sowie in der internationalen Ausrichtung der Kundenbetreuung. Anders als bei einem Agentur-Verbund umfasst die vertraglich geregelte Kooperation innerhalb des Networks auch Management- und Verwaltungsfunktionen. Die Network-Holding legt zum Beispiel die gemeinsame Strategie fest, verwaltet die Finanzen und stimmt die Zusammenarbeit zwischen den einzelnen Agenturen untereinander ab. Neben der zusätzlichen Kostensenkung bietet diese Form des Zusammenschlusses den Vorteil, dass sich die einzelnen Network-Agenturen, freilich zum Preis ihrer eingeschränkten Selbstständigkeit, auf das werbliche Tagesgeschäft konzentrieren können.

Im Zuge der Globalisierung der Märkte haben seit den 1990er Jahren die Network-Konzerne eine immer größere Bedeutung erhalten. Wenn man bedenkt, welche enorme Marktmacht Giganten der digitalen Medienwelt wie Facebook oder Google besitzen, sind Konzentrationsbestrebungen auf Seiten der Werbebranche nur eine logische Konsequenz. Zusammenschlüsse dieser Art haben das Marktgeschehen deutlich

verändert. Vor allem im Wettbewerb um Mega-Etats kommen
immer stärker Network-Konzerne (Havas, Interpublic Group,
Omnicom, Publicis Group, WPP) zum Zuge – dies wohl nicht
zuletzt deswegen, weil hier Network-Konzerne auf der einen
Seite sowie international ausgerichtete Wirtschafts- und Me-
dienkonzerne auf der anderen auf Augenhöhe miteinander
verhandeln. Diese großen Konzerne operieren überwiegend
abseits der öffentlichen Wahrnehmung, sind aber im Mediensystem enorm mächtig. Allein die WPP-Gruppe beschäftigt
rund 140 000 Kommunikationsexperten in 2 700 Büros, in
107 Ländern weltweit. Sir Martin Sorell, der Chef dieses welt-
umspannenden Werbekonzerns, dürfte den meisten Lesern
dieses Buches unbekannt sein. Er selbst vergleicht sich Ge-
rüchten zufolge aufgrund seiner Körpergröße gerne mit Na-
poleon Bonaparte. Was seine Macht im Mediensystem betrifft,
ist dies sicherlich keine Übertreibung.

5. Strategien und Formen der Werbung

Werbung will wirken. Wie sie zu diesem Zweck die verschiedenen Medien nutzt, darum geht es in diesem Kapitel. Neue digitale Medien ermöglichen in einem bislang nicht gekannten Ausmaß die Integration von Werbung in das Programm sowie die Produktion von neuen Werbeformen, die von Rezipienten wie ein redaktionell betreutes Programm genutzt werden. Die weitreichenden Konsequenzen dieser Entwicklung werden zum Abschluss des Kapitels dargestellt.

Werbung ist also ein Riesengeschäft, das von Agenturen, Networks und im globalen Maßstab von Mega-Networks weltweit betrieben wird. Werbung ist aber auch eine Kulturtechnik. Und als solche begegnet sie uns in jedem Gespräch, in jeder Interaktion mit anderen Menschen, die, ebenso wie wir selbst auch, weitgehend frei in ihren Entscheidungen sind. Als Kulturtechnik kann die Werbung auf eine lange Geschichte zurückblicken. Sie weist noch heute viele Parallelen zu ihren historischen Vorformen auf, wie etwa zur antiken Rhetorik, der Lehre von der zielführenden Redegewandtheit. In der Antike ist die Redegewandtheit metaphorisch als die ausgestreckte, offene Hand beschrieben worden. Diese Metapher zeigt, dass man sich bereits in früher Zeit darüber im Klaren war, dass der Redner, der sich um die Gunst seiner

Zuhörer bemühte, nichts erzwingen konnte. Darum streckte er ihnen die offene Hand entgegen, auf dass seine Zuhörer in sie einschlugen. Auch die Werbung von heute streckt ihrem Publikum in diesem Sinne die offene Hand entgegen. Sie kann eben niemanden zwingen, ihr zu folgen, denn alles, was ihr zur Verfügung steht, ist Kommunikation. Wie lässt sich nun mit den Mitteln der Kommunikation Überzeugungs- und Bindungskraft entfalten? Dies ist eine ganz wesentliche Frage, wenn man die Strategien der Werbung verstehen möchte.

Werbung reicht die offene Hand: Bindung, Vertrauen, Wiederholbarkeit, Tempo

Bindungskraft erzeugen zunächst einmal normative, also stark auffordernde Appelle. Die Werbung sagt ihrem Betrachter nicht, wie die Welt ist, sondern wie sie aus ihrer Sicht für die Mitglieder der Gemeinschaft sein könnte – und sollte. Für Werbetreibende ist die Werbung in diesem Sinne erfolgreich, wenn es ihr zum Beispiel gelingt, eine Marke so stark emotional aufzuladen, dass deren Verwendung als Zeichen der Zugehörigkeit zu einer bestimmten Gruppe zählt. Vor allem solche sozialen Gruppen, deren »Verortung« im Sozialgefüge noch in vollem Gange ist, wie zum Beispiel Jugendliche, sind aus Sicht der Werbetreibenden besonders empfänglich für diese Werbestrategie und werden daher auch besonders intensiv angesprochen.

Werbung muss nicht nur ohne Zwang auskommen, es mangelt ihr überdies auch grundsätzlich am Vertrauen ihres Publikums. Wer wirbt, bezieht Stellung, ist parteiisch. Die meisten Betrachter der Werbung wissen dies und investieren daher nicht allzu viel Vertrauen in deren Versprechen. Freilich haben nicht eben wenige Konsumentscheidungen aus Sicht der Konsumenten weitreichende Folgen. Für welche Bank entscheidet man sich? Soll man ein Auto kaufen? Dieses oder jenes? Lohnt sich eine Lebensversicherung? Konsumenten benötigen für viele ihrer Entscheidungen eben doch Vertrauen. Und in all diesen Fällen muss die Werbung signalisieren, dass sie ihren Zielgruppen vertrauenswürdige Versprechen unterbreitet. Wie macht sie das?

Eine Möglichkeit besteht darin, prominente Fürsprecher, sogenannte Testimonials, einzusetzen. Für die Gültigkeit der Behauptung bürgt dann nicht mehr der Werbetreibende selbst, sondern eben die vertrauenswürdige prominente Person. Dass sich Prominente freilich in manchen Fällen für ihre höchst lukrative »Markenbürgschaft« verantworten müssen, hat sehr deutlich vor einigen Jahren der berühmte Schauspieler Manfred Krug erfahren. Der beliebte Tatort-Kommissar bewarb zum Börsengang der Telekom 1996 die Telekom-Aktie als Volksaktie. Nachdem sich viele Kleinaktionäre aufgrund der atemberaubenden Talfahrt des Börsenkurses geprellt sahen, musste sich Krug in aller Form bei den enttäuschten Anlegern entschuldigen. Für Manfred Krug und die Deutsche Telekom war die Kampagne im Nachhinein eine große Blamage.

Die Werbung ist in aller Regel nie an einmaligen Erfolgen interessiert, sondern muss Erfolge in Serie produzieren. Bereits aus Gründen der eigenen Existenzsicherung ist sowohl den werbetreibenden Unternehmen als auch den Werbeagenturen an wiederholbaren Erfolgen gelegen. Ganz besonders gilt dies in der Werbung für »schnell drehende« Konsumgüter des täglichen Bedarfs. Welche Qualität müssen Werbeversprechen nun besitzen, damit sie täglich wiederholt werden können, ohne sich dabei abzunutzen, also dem sogenannten Wear-out-Effekt zum Opfer fallen? Auch dies ist eine zentrale Frage, wenn es darum geht, die Strategien der Werbung zu verstehen.

Eine der wichtigsten Antworten der Werbung auf diese Frage besteht darin, dass sie ganz gezielt auf solche Themen setzt, die einem regelrechten Reflexions-Zwang unterliegen. Wer bin ich? Was bin ich? Wer will ich sein? Was ist Glück? All dies sind Fragen, die niemals endgültig beantwortet werden können und daher immer wieder beantwortet werden müssen. Und genau dies macht sie so wertvoll für die Werbung. Eine zweite Lösung für dasselbe Problem besteht in den geradezu überbordenden Hinweisen auf das Neue und selbstverständlich Verbesserte in der Werbung. Solche »Innovationen« dienen als verdeckte Wiederholung, da sie ja das Vorgefundene noch einmal ins Bewusstsein holen, um es dann zu überbieten.

In den meisten Fällen, in denen uns Werbeanzeigen, TV-Spots oder Plakate begegnen, gehen wir an ihnen vorbei, ohne uns Zeit für eine genaue Betrachtung zu nehmen. Dem Werbetreibenden bleibt daher nicht viel Zeit, seine Botschaft »rüberzubringen«. In aller Regel sind es weniger als zwei Sekunden. Man kann also durchaus sagen, dass Werbung in sehr vielen Fällen Kommunikation im Augenwinkel ist. Und auch diesem Umstand trägt die Werbung mit einer Reihe von Strategien Rechnung. So setzt sie etwa in besonderem Maße auf höchst verdichtete Darstellungen und auf Motive, die schnell funktionieren und auf Seiten des Betrachters nicht viel Nachdenken erfordern. Werbung setzt auf »schnelle Schüsse ins Gehirn«, wie der bekannte Werbeforscher Werner Kroeber-Riel einmal gesagt hat. Allgemein funktionieren viele Bilder in diesem Sinne wie Schüsse ins Gehirn. Im Vorbeigehen, bei flüchtigem Betrachten kann man sie schnell erfassen. Kurze und prägnante Schlüsselwörter funktionieren in der gleichen Weise.

Bereits dieser Überblick über einige der wichtigsten Strategien zeigt, dass Werbung auf der Grundlage eingebauter Wirkungsmechaniken Medienangebote produziert, die in hoch verdichteter Weise normative Ansprüche in Bezug auf zentrale Kategorien der gesellschaftlichen Ordnung zum Ausdruck bringen. Der Ort, an dem dies geschieht, sind die klassischen

Massenmedien. Schauen wir uns im Folgenden die wichtigsten Medien der Werbung ein wenig genauer an.

Medien der Werbung: Zeitung, TV, Plakat, Post

Allen Unkenrufen zum Trotz gibt es sie noch, die klassischen Werbeformen in Tageszeitungen und Zeitschriften, im Fernsehen und auf Plakaten. Was erhoffen sich Werbetreibende hier, welche Strategien verfolgen sie in diesen Medien?

Viele Jahre standen die Tageszeitungen auf Platz eins der wichtigsten Werbeträger in Deutschland. Freilich befinden sich die Tageszeitungen in Deutschland seit geraumer Zeit in einer schwierigen ökonomischen Situation, weil sie sich stark um die jungen Zeitungsleser bemühen müssen, die heute eben nicht mehr so selbstverständlich wie ihre Eltern zur Zeitung greifen, um sich zu informieren. Überdies haben die Zeitungen vor allem im Bereich der Kleinanzeigen eine geradezu übermächtige Konkurrenz durch neue Anbieter bekommen: Immobilienscout24, Autoscout24, Ebay, Google. »Süße Hundewelpen zu verschenken«, »alte Nähmaschine günstig abzugeben«, »schönes WG-Zimmer zu vermieten«, »totaler Versager sucht Nobelpreisträgerin« – für diese meist lokal angebotenen, in aller Regel wenig nachgefragten »Produkte« waren früher, anders als heute, Tageszeitungen und Anzeigenblätter die einzigen Werbeträger. Wenn von Werbung die Rede ist, dann haben die meisten von uns wohl nicht diese Kleinanzeigen vor Augen. Paradoxerweise ist es aber gerade die erdrückende Konkurrenz durch digitale Anbieter in diesem Segment, die viele lokale Tageszeitungen vor große Herausforderungen stellt.

Für die großen werbetreibenden Unternehmen besitzen Tageszeitungen indessen weiterhin viele Vorteile als Werbeträger. Eine der Stärken von Tageszeitungen besteht aus Sicht der Werbetreibenden in der Art und Weise, wie sie bezogen und dann gelesen werden. Wer eine Zeitung liest, der muss sich diese Zeitung zunächst einmal beschaffen, und dazu gibt es im Wesentlichen zwei Möglichkeiten: Man kann sie im Kiosk sowie auf der Straße beim Zeitungsverkäufer kaufen, oder man kann sie per Abonnement regelmäßig nach Hause geliefert bekommen. Beide Fälle werfen aus Sicht der Werbetreibenden ein gutes Licht auf die Leser und Leserinnen von Tageszeitungen. Denn die eine Bezugsform ist mit einem vergleichsweise großen Interesse, die andere mit einer vergleichsweise großen Leser-Blatt-Bindung der Rezipienten verbunden. Beides – dies hoffen zumindest die Werbetreibenden – färbt auf die Rezeption werblicher Medienangebote in Tageszeitungen ab. Eine Zeitung nimmt man in aller Regel nicht nur einmal, sondern mehrmals am Tag in die Hand. Überhaupt ist bei der Zeitungslektüre, anders als etwa beim Fernsehen schauen oder Radio hören, das Rezeptionstempo technisch nicht vorgegeben, sondern individuell wählbar. Das ist ein großer Vorteil, nicht zuletzt, wenn es um die Vermittlung vergleichsweise schwieriger Sachverhalte geht.

Die Zeitung hat uns schon lange vor der Erfindung tragbarer elektronischer Medien täglich begleitet. Zwar starren inzwischen sehr viele Menschen, die sich in der U-Bahn oder im Zug, im Bus oder in der Straßenbahn auf dem Weg zur Arbeit befinden, auf ihr Smartphone. Viele klemmen sich aber immer noch die Zeitung unter den Arm und nehmen sie mit auf ihre Reise durch den Tag. Auch dies ist aus Sicht der Werbetreibenden ein großer Vorteil der Zeitung. Ganz wichtig ist aus Sicht der Werbetreibenden dabei auch, dass sich durch Tageszeitungen täglich eine bis in kleinste lokale Einheiten differenzierbare geographische Streuung von Werbeanzeigen erzielen lässt. All dies sind gute Gründe, die helfen zu verstehen, warum Tageszeitungen trotz der viel beklagten Zeitungskrise noch immer wichtige Werbeträger sind und es auf absehbare Zeit auch bleiben werden.

In den vergangenen Jahren hat in Deutschland erstmals

das Fernsehen die Tageszeitungen als umsatzstärksten Werbeträger überholt. Das gute alte Fernsehen ist aus Sicht der Werbetreibenden nach wie vor ein attraktiver Werbeträger, weil
es die vergleichsweise breit gestreute, massenhafte Ansprache
großer Publika ermöglicht. Die Einführung des privat-kommerziellen Fernsehens Mitte der 1980er Jahre in Deutschland
hat zu einer starken Ausweitung der zur Verfügung stehenden
Fernsehwerbezeit geführt. Wenn auch die Zeit der »Straßen-
feger« und großen Samstagabendshows vorbei ist, lassen sich
im Vergleich zu allen anderen Medien mit Hilfe von Fernseh-
werbung immer noch relativ schnell große Reichweiten aufbauen. Aus Sicht vieler Werbetreibender bleibt dies ein wichtiger Vorteil des Fernsehens.

Fernsehveranstalter bieten ihren Werbekunden inzwischen
überdies zahlreiche Sonderwerbeformen an, bei denen werbliche und redaktionelle Programmbestandteile vermischt
werden können. Alle Fernsehveranstalter bedienen darüber
hinaus ihr Publikum mit Mediatheken sowie eigenen On-
line-Angeboten und bieten den Werbetreibenden damit viele Möglichkeiten, Online- und Offlinewerbung miteinander
zu verbinden.

Das Fernsehen und die Tageszeitungen sind die wohl bekanntesten Werbeträger. Der dritte große Werbeträger in
Deutschland führt in der öffentlichen Wahrnehmung ein
Schattendasein, ist aber für das Mediensystem in ökonomischer, für die Werbetreibenden in strategischer Hinsicht sehr
wichtig: Werbung per Post. Die postalische Zusendung von
Werbung erlaubt eine nahezu flächendeckende und zugleich
personalisierbare Ansprache potenzieller Kunden. Werbung
per Post, das geht weit über jene nicht selten lästigen Post-
wurfsendungen hinaus. Werbetreibende bedienen sich einer
Reihe unterschiedlicher Strategien, um in direkten Kontakt
und »Dialog« mit ihren Zielgruppen zu treten. Zunächst einmal lässt sich grob zwischen adressierten, nicht-adressierten
und teiladressierten Sendungen unterscheiden. Von der per-

sönlichen Adressierung ihrer Werbesendungen erwarten sich die Werbetreibenden natürlich den Beginn eines Dialogs mit dem Konsumenten. Zwar werden persönlich adressierte Werbesendungen häufiger gelesen als unadressierte Sendungen; dass hier jedoch der Begriff »Dialog« wohl ein wenig über Gebühr strapaziert wird, dürfte den meisten Lesern dieses Buches aus eigener Erfahrung bekannt sein. Die meisten Dialog-Angebote der Werbetreibenden enthalten überdies in aller Regel zumindest teilstandardisierte Textbausteine. Prinzipiell können auf diese Weise nicht nur mehr oder weniger personalisierte Anschreiben verschickt werden, sondern auch Datenträger aller Art, kostenlose Proben, Produktmuster sowie sonstige Werbeartikel, Bücher, Broschüren oder Kundenzeitschriften. Wer übrigens persönlich adressierte Werbesendungen wie diese aus seinem Briefkasten verbannen möchte, der kann sich kostenlos in eine der »Robinsonlisten« eintragen. Eine solche Liste wird etwa von einem der größten Branchenverbände, dem Deutschen Dialogmarketing Verband, geführt.

Werbung per Post lässt sich also weitgehend vermeiden. Anders verhält es sich im Falle der Außenwerbung. Werbetreibende setzen ganz gezielt auf Werbung im öffentlichen Raum, um besonders mobile Bevölkerungsschichten zu erreichen. Dies sind vor allem junge Menschen, die aus Sicht der Werbetreibenden eine höchst attraktive Zielgruppe darstellen. Selbst für hartgesottene Werbeverweigerer, die sich auf einer Robinsonliste eingetragen haben, ist Außenwerbung unvermeidbar. Für Plakate und andere Werbeformen im öffentlichen Raum gilt im Besonderen, was für die Werbung im Allgemeinen gilt: Kurz und prägnant muss sie sein. Plakate ermöglichen die geographisch zielgenaue Platzierung von Werbung. Das betrifft nicht nur deren regionale und lokale Streuung, sondern geht bis zur punktgenauen Platzierung des Plakats kurz vor dem »Point of Sale« (POS), also etwa vor dem Supermarkt oder in der Einkaufsstraße. Welche strategischen

Vorteile bestimmte Platzierungen gegenüber anderen haben, bemisst sich an einer Reihe von Faktoren: der Größe der Plakatfläche, der Art der umliegenden Geschäfte und Betriebe, der Nähe zu Haltestellen oder öffentlichen Einrichtungen, dem Abstand zur nächsten Straße, der Stellung der Plakatfläche zum Betrachter oder der Frequenz und der Geschwindigkeit des vorbeirauschen Straßenverkehrs. All dies entscheidet über den Wert einer Anschlagfläche.

Plakate sind für uns also oftmals unausweichlich, das macht sie aus Sicht der Werbetreibenden so wertvoll. In gewisser Hinsicht verbindet dies Plakate mit einer weiteren Form der Werbung, nämlich mit der Werbung im Hörfunk. Das Radio ist nach wie vor eines der reichweitenstärksten Medien in Deutschland. Immerhin schalten rund 80 % der Bevölkerung zumindest einmal pro Tag das Radio ein, gleich morgens in der Küche oder im Auto auf dem Weg zur Arbeit. Für die Werbetreibenden bedeutet dies, dass sich mit Hilfe von Hörfunkspots schnell ein hoher Bekanntheitsgrad aufbauen lässt. Die weite Verbreitung lokaler Hörfunkanbieter ermöglicht darüber hinaus eine geographisch fein differenzierbare Platzierung von Hörfunkspots. Medienangebote, die wie das Plakat oder die Zeitungsanzeige ausschließlich den Gesichtssinn ansprechen, können leicht übersehen werden. Der Schall hingegen füllt einen Raum voll und ganz aus. Man kann leichter wegschauen als weghören. Bei vielen Tätigkeiten, die unsere Aufmerksamkeit beanspruchen, können wir daher nebenbei Radio hören, wir können dies jedenfalls deutlich besser als nebenbei eine Zeitung zu lesen.

Man erkennt an den vorangegangenen Beispielen, dass es eine geradezu charakteristische Eigenschaft der Werbung zu sein scheint, dass sie sich ihren Betrachtern in den Weg stellt. Zeitungen werden in aller Regel eben nicht aufgrund, sondern trotz der darin geschalteten Anzeigen gekauft. Fernsehsendungen werden im Urteil der meisten Zuschauer durch Werbung unterbrochen und eben nicht bereichert. Das Haus verlassen wir morgens nicht in freudiger Erwartungen der Marlboro-Werbung an der Bushaltestelle, sondern um den Bus zu bekommen. Ganz ähnlich verhält es sich auch bei Werbung im Kino. Die wenigsten würden von sich behaupten, dass sie ausgerechnet wegen der Werbung ins Kino gehen. Auch hier stellt sich die Werbung ihren Betrachtern in den Weg und nutzt den Umstand, dass man im Bauch des Kinos buchstäblich ein gefesselter Zuschauer ist.

Programmintegration und Programmäquivalenz

Man kann ohne Übertreibung sagen, dass die Werbung, wie sie uns in den klassischen Massenmedien begegnet, eine Form der grafischen und textlichen Kurzschrift der gesellschaftlichen Realität unserer Zeit darstellt. Sie ist ein einflussreicher, aber auch aussagekräftiger Kulturfaktor, der aufgrund seiner zentralen Stellung in modernen Gesellschaften natürlich auch stets viel Kritik auf sich gezogen hat. Viele Werbekritiker zielen darauf ab, die ideologischen Tiefenstrukturen der Werbung zu entlarven und dadurch ihrer Macht zu berauben. Diese Form der Kritik visiert klar erkennbare und unterscheidbare Formen der Werbung an: Das Plakat, die Anzeige, den Spot, das große, persuasive Bild – all diese Formen der Werbung haben im Urteil der einschlägigen Werbekritik im Gegensatz zu den eigentlichen Programmbestandteilen nicht Aufklärung, sondern Ideologie, nicht Selbstbestimmung, sondern Entfremdung der Menschen zur Folge.

Eine zweite Tradition der Werbekritik hat sich seit den frühen Anfängen der Werbung als eine Kritik der »Entgrenzung«, eine Kritik des kommunikativen »Übergriffs« der Werbung auf die eigentlichen Bestandteile des Programms verstanden. Aus der Perspektive dieser Kritik »kolonialisiert« die Werbung die eigentlichen und freilich auch höherwertigen Bestandteile des Programms.

Mit dieser bis heute einschlägigen Kritik ist ein zentrales Thema der aktuellen kritischen Werbeforschung benannt: die sehr enge Verzahnung von redaktionellen Medienangeboten und Werbung. Wie kaum eine andere Werbeform hat das Product Placement, also die Integration von Marken- und Produktbotschaften in das Programm der Medien, Kritik auf sich gezogen und ist ein geradezu mustergültiges Beispiel für die feindliche Übernahme des Programms durch die Werbung geworden. Wenn James Bond auf die Uhr schaut, wenn er zum Telefon greift, ins Auto steigt oder einen Drink nimmt, verschwimmen in den Augen des Betrachters die Grenzen zwischen Werbung und Fiktion. Ganz ähnlich ergeht es dem Leser von Dan Browns neuestem Bestseller »Inferno«. Eine der Passagen dieses Romans liest sich beinahe wie ein Werbetext.

»Langdon hatte keine Ahnung, welche Sprache die Frau verstand, doch die globale Verbreitung von iPhones, iPads und iPods hatte zu einem Vokabular geführt, das ebenso universal zu sein schien wie die Mann-Frau-Piktogramme auf den Toilettentüren der ganzen Welt. ›iPhone?‹, fragte Langdon mit einem bewundernden Blick auf das Gerät. Die Miene der alten Frau hellte sich augenblicklich auf, und sie nickte stolz. ›Was für ein schlaues kleines Spielzeug‹, flüsterte sie mit britischem Akzent. ›Ein Geschenk von meinem Sohn. Ich höre mir meine E-Mails an. Soll man das für möglich halten? Ich höre sie mir an! Dieser kleine Schatz hier liest sie mir vor! Eine Riesenhilfe bei meinen schlechten Augen.‹ ›Ich habe auch so eins‹, sagte Langdon mit einem Lächeln, als er sich neben sie setzte, darauf bedacht, ihren schlafenden Ehemann nicht zu wecken. ›Irgendwie muss ich es gestern Abend verloren haben.‹ ›Oh, das ist ja furchtbar! Haben Sie schon die ›Find-the-iPhone‹-App ausprobiert? Mein Sohn sagt …‹ ›Dummerweise habe ich diese App nie aktiviert‹, gestand Langdon zerknirscht. Er sah die Frau verlegen an. ›Es ist mir furchtbar peinlich, aber würde es Ihnen etwas ausmachen, mir vielleicht für einen kurzen Moment Ihr iPhone auszuleihen? Ich müsste kurz

online etwas nachsehen. Es wäre mir eine große Hilfe.‹ ›Aber selbstverständlich!‹ Sie zog den Stecker ihrer Kopfhörer aus der Buchse und drückte ihm das Gerät in die Hand. ›Überhaupt kein Problem. Sie Ärmster!‹«
Brown, Dan (2013). *Inferno*. Köln: Bastei Lübbe [hier S. 335 f.]

Dass Produkte ein ganz natürlicher Bestandteil der Welt sind, in der wir leben, lernen bereits die Kinder gemeinsam mit ihren Eltern – etwa beim Vorlesen der Gutenachtgeschichte. So ist zum Beispiel im ansonsten renommierten Kinderbuchverlag Friedrich Oetinger 2013 das Vorleseabenteuer »Käpt'n Knopf geht an Bord« erschienen (Autorin: Susan Niessen, Illustratorin: Dagmar Henze). Darin begibt sich der berühmte Teddy-Bär mit dem Knopf im Ohr (Steiff) auf eine wahrlich abenteuerliche Reise mit dem prächtigen Kreuzfahrtschiff Hanseatic (Hapag-Lloyd). Das Kinderbuch kommt dabei ohne jeglichen Hinweis auf das zugrundeliegende Geschäftsmodell zwischen dem Kinderbuchverlag Oetinger, dem Kinderspielzeughersteller Steiff und dem Anbieter von Familien-Kreuzfahrten Hapag-Lloyd aus. Wer jedoch Gefallen an der Geschichte rund um Käpt'n Knopf und seiner tollen Reise auf der Hanseatic gefunden hat, der muss nur »Käpt'n Knopf« im Netz eingeben und landet sofort auf einer für alle gängigen Suchmaschinen optimierten Seite (www.kaeptnknopf.de). Hier können die Kleinen in die Spielkiste greifen und Memory spielen, im Logbuch des Käpt'ns schmökern oder ihr eigenes Kapitänspatent erwerben. Die Großen können sich über die Schiffe der Hapag-Lloyd Flotte informieren und im Shop den liebgewonnen Bären erwerben, der »für Spaß und optimale Kinderbetreuung auf den Hapag-Lloyd Kreuzfahrten« steht. Sie können das Kinderkochbuch des Sterne-Kochs Stefan Marquard »Auf die Töpfe, Leinen los!« kaufen, weil Seeluft bekanntlich besonders hungrig macht, ebenso wie einen Käpt'n-Knopf-Seesack, einen Käpt'n-Knopf-Koffer und vieles mehr.

Hoch integrierte und oftmals versteckte Werbeformen wie diese ziehen immer wieder sehr heftige Kritik auf sich. Wenn wir es nach der Lektüre auch möglicherweise bereuen, haben wir doch immerhin für »Käpt'n Knopf geht an Bord« und »Inferno« Geld bezahlt und erwarten vollkommen zu Recht eine entsprechende Gegenleistung. Wir erwarten eine Gegenleistung, die eben nicht darin besteht, dass *wir* nach dem Kauf »Rezeptionsarbeit« leisten und uns bezahlte Werbebotschaften anschauen, die mit der eigentlichen Geschichte gar nichts zu tun haben. Als Leser von Zeitungen, Zeitschriften und Romanen, als Kino- oder Fernsehzuschauer, als Spieler von Computerspielen wollen wir eben in die eigentliche Geschichte eintauchen, abtauchen. Wir wollen unterhalten werden. Wo immer sich aber Werbung einschleicht, so scheint es, werden wir dabei gestört, wird unser Genuss geschmälert, werden wir gleichsam übers Ohr gehauen – so lautet die Kritik, der wohl nur wenige widersprechen würden. Dennoch kann man und muss man diese Kritik an der sehr engen Beziehung von Werbung und Programm differenzierter betrachten. Und das hat drei Gründe:

Erstens konzentrieren sich die meisten Kritiker auf die Integration von Werbung *in* das Programm der Medien. Es lohnt sich, darüber hinaus Formen der Entgrenzung von Werbung und Programm *neben* dem klassischen Medien-Programm ins Auge zu fassen. Solche neuen Werbeformen erscheinen zunächst einmal weniger problematisch, haben aber möglicherweise ebenso weitreichende Folgen wie das klassische Product Placement im Programm. *Zweitens:* In vielen Fällen, in denen sich Werbung ins Programm schleicht, nutzen Werber gesetzliche Lücken, die von Seiten der Gesetzgebung ganz bewusst geschaffen worden sind. Es sind also oft gar nicht so sehr die werbetreibenden Unternehmen, die sich »undercover« ins Programm schummeln. Es ist eben auch der Gesetzgeber, der bestimmte Formen der programmintegrierten Werbung erlaubt. *Drittens:* In Zeiten hart umkämpfter

Medienmärkte könnte das eigentliche Programm ohne werbliche Promotion im Rahmen eines ökonomisch tragfähigen Geschäftsmodells gar nicht existieren. Schauen wir uns diese verschiedenen Zusammenhänge der Reihe nach ein wenig genauer an und beginnen noch einmal mit der programmintegrierten Werbung.

Anfang des Jahres 2013 deckte das Nachrichtenmagazin »Der Spiegel« auf, wie einfach sich Unternehmen gegen die Zahlung von Millionenbeträgen über viele Jahre in eine der beliebtesten Unterhaltungsshows des öffentlich-rechtlichen Fernsehens in Deutschland einkaufen konnten: »Wetten dass …?« Die Kooperationsverträge wurden zwischen der von Christoph Gottschalk geführten Firma Dolce Media und zahlreichen werbetreibenden Unternehmen ausgehandelt, darunter Audi, Daimler-Chrysler und BMW. Der beliebte Entertainer Thomas Gottschalk stellte sich dann gemäß der Verträge, die sein Bruder Christoph abgeschlossen hatte, neben die Edel-Karossen und sagte Sätze wie diesen: »Unser Wettkönig wird heute mit diesem Auto nach Hause fahren […] der beliebte Q3, wir haben ihn hier in weiß, Sie können sich den farblich so zusammenstellen, wie Sie wollen, und alle diese Menschen würden gerne am Ende der Sendung am Steuer dieses Autos sitzen.«

Produktplatzierungen sind laut Rundfunkstaatsvertrag (RStV) im öffentlich-rechtlichen Fernsehen zunächst einmal grundsätzlich verboten, dies vor allem in Sendungen zum politischen Zeitgeschehen, in Ratgeber-, Verbraucher und Kindersendungen und natürlich bei Übertragungen von Gottesdiensten. In manchen Ausnahmefällen sind Produktplatzierungen allerdings erlaubt (§7 RStV). Zulässig sind klar kenntlich gemachte Produktplatzierungen auch im öffentlich-rechtlichen Fernsehen, wenn kein Geld geflossen ist und die gezeigten Produkte lediglich – etwa als Gewinn für Wettkandidaten – kostenlos zur Verfügung gestellt werden. Zulässig sind Produktplatzierungen aber auch in Filmen sowie Serien,

Sportsendungen oder Sendungen der leichten Unterhaltung für Erwachsene, die zwar im Fernsehen ausgestrahlt werden, nicht jedoch von dem Fernsehsender selbst produziert oder in Auftrag gegeben worden sind. Freilich darf in all diesen Fällen die redaktionelle Unabhängigkeit der Sender nicht beeinträchtigt werden. Es darf darüber hinaus kein direkter Aufruf zum Kauf formuliert und das entsprechende Produkt nicht zu stark herausgestellt werden.

Man sieht, dass bei »Wetten dass …?« gleich in mehrfacher Weise gegen diese Regeln verstoßen wurde. Der wichtigste Punkt betrifft wohl die Tatsache, dass ganz offensichtlich Geld geflossen ist. Im öffentlich-rechtlichen Fernsehen ist dies eben ganz klar untersagt (§ 7 und 15 RStV). Im privaten Fernsehen hingegen sind entgeltliche Produktplatzierungen seit dem Jahr 2010 aufgrund einer europäischen Richtlinie zulässig, die in der 13. Fassung des Rundfunkstaatsvertrags in nationales Recht umgesetzt worden ist (§ 44 RStV). Wenn man näher hinschaut, handelt es sich bei dieser Anpassung an europäisches Recht nur um einen von vielen Schritten, mit denen vor allem im kommerziellen Fernsehen die Spielräume für integrierte Werbeformen deutlich ausgeweitet worden sind. Dies betrifft die bereits seit 2000 geltende Liberalisierung von Split-Screen-Werbung, also von Werbung, die auf einem Teil des Bildschirms zu sehen ist, während auf dem anderen das eigentliche Programm weiterläuft, ebenso wie die Lockerung der Vorgaben für Programmsponsoring und Teleshopping. Der große Skandal um die millionenschweren Verträge hinter den Kulissen von »Wetten dass …?« verdeckt diese Entwicklung in Richtung einer zunehmenden Entgrenzung von Werbung und Programm. Freilich soll das öffentlich-rechtliche Fernsehen auch in den Niederungen der leichten Unterhaltung *reine* Unterhaltung bleiben. Im privaten Fernsehen indessen ist nach dem Willen des Gesetzgebers der freie Grenzverkehr zwischen Werbung und Programm an der Tagesordnung.

Eine Bewertung dieser Entwicklung vorzunehmen, ist nicht ganz einfach. Zunächst einmal gibt es natürlich eine große öffentliche Ablehnung von Schleichwerbung. Kaum jemand nimmt aber noch Anstoß an Unterhaltungsformaten des privaten Fernsehens wie »The Voice of Germany« (ProSieben), »Fashion Show« (ProSieben) oder »Deutschland sucht den Superstar« (RTL). Diese Sendungen beinhalten bei näherem Hinsehen eigentlich keine Werbung mehr, sondern sie *sind* selbst Werbung und folgen einer durch und durch marktorientierten Verwertungslogik. Der Gegenstand der Unterhaltungsinszenierung ist hier ein inszeniertes Unterhaltungsprodukt, ein Star, ein Design-Entwurf, eine Gruppe, ein Song, ein Album. Noch während der Sendung kann man dies auf dem »Second Screen«, dem Notebook, dem Smartphone oder dem Tablet-Computer, bequem erwerben. Die »Fashion Show« von ProSieben funktioniert etwa so, dass die Kandidaten ihre Modeentwürfe einer fachkundigen Jury von Einkäufern der Firmen Karstadt, S.Oliver und Asos präsentieren. Gleich am nächsten Tag kann man die Mode bei Karstadt kaufen. Kaum jemand stört sich daran, obwohl doch in diesen Fällen die Norm in Bezug auf die Trennung von Werbung und Programm bis zur Unkenntlichkeit ausgehöhlt worden ist. Die Öffentlichkeit regt sich ganz zu Recht über die Geschäfte der Brüder Gottschalk auf, verliert dabei aber aus dem Auge, dass sich im Vorfeld solcher Skandale das Fernsehen in einer sehr grundsätzlichen Weise verändert, ja gemessen an den lange Zeit herrschenden Normen geradezu revolutioniert hat. Möglicherweise haben die Gebrüder Gottschalk ihre Geschäfte weniger mit betrügerischer Absicht getätigt als vielmehr in der »professionellen« Annahme, solche Geschäfte seien inzwischen ganz normal.

Die Moral des Fernsehpublikums ist noch immer geprägt durch die frühe Phase des kommerziellen Fernsehens. Wir sind noch immer auf der Hut vor Werbung, die sich einschleicht und dann dreist »hallo« ruft. Wir übersehen dabei, dass weite Teile des Programms selbst zur Werbung geworden sind, in die sich nunmehr die Unterhaltung einschleicht. Die Moral des Publikums, so scheint es, ist unendlich viel langsamer als jene Veränderungsprozesse, in deren Strudel nicht nur das Fernsehen, sondern das gesamte Mediensystem und mit diesem natürlich auch die Werbung geraten ist. Wie viele der klassischen Medien, so sieht sich auch das Fernsehen in seiner Existenzgrundlage gefährdet. Ursache sind vor allem die verstärkte Konkurrenz durch neue digitale Medien sowie die elektronische »Ermächtigung« der Zuschauer, die immer wirksamere Technologien zur Hand haben, um Werbung zu vermeiden. Solche Vermeidungstechnologien sind z. B. die Fernbedienung, digitale Videorekorder oder TV on demand. Der Gesetzgeber reagiert darauf, indem er Spielräume für neue Finanzierungsformen eröffnet, die zwar auf der einen Seite an der Trennungsnorm kratzen, auf der anderen Seite aber die finanzielle Existenzgrundlage des kommerziellen Fernsehens sichern.

Das Fernsehen ist ein gutes Beispiel, um sich die gravierenden Umwälzungen im Mediensystem vor Augen zu führen, auf die sich die Werbung strategisch seit vielen Jahren einstellen muss. Wenn man heute über das Fernsehen spricht, stellt sich zuerst einmal die Frage: Von welchem Fernsehen reden wir eigentlich? Diese Frage ist neu und weist bereits auf die geradezu revolutionären Veränderungen im Mediensystem hin. Denkt man nur wenige Jahre zurück, war ganz klar: Fernsehen – das ist die Flimmerkiste, die Glotze, der Kasten, auf den sich im Wohnzimmer die Sitzgruppe ausrichtet. Das Fernsehen war dieses Gerät und das Programm, das darin lief. Und heute? Freilich steht der Fernseher in den meisten Fällen noch immer an seinem angestammten Platz. Was jedoch darin läuft, können wir an verschiedenen Orten und auf verschiedenen Geräten abrufen. Wir schauen fern mit dem guten alten Fernsehgerät, ja, aber auch mit dem PC, dem Notebook, dem Smartphone und dem Tablet Computer. Wir nutzen

Fernsehen als mobiles Fast-Food in 100 Sekunden, als Live-Stream oder on demand in der Mediathek, auf der Homepage eines Senders, bei YouTube, Vimeo, Watchever oder iTunes. Das Fernsehen hat sich in den vergangenen Jahren wie nahezu alle anderen Medien auch in einem hochdynamischen Wandlungsprozess grundlegend verändert. Sichtbarster Ausdruck dieses Veränderungsprozesses ist die Vielzahl an Zugängen, Plattformen und Anbietern. Diese Entwicklung stellt sowohl für die Werbung als auch für die Medien selbst eine große Herausforderung dar.

Für die klassischen Medien sind mit der rasanten Entwicklung des Mediensystems zunächst einmal zwei wichtige Konsequenzen verbunden: Sie müssen sich aufgrund der gestiegenen Konkurrenz durch neue Medien weiter mit attraktiven inhaltlichen Angeboten ins Zeug legen, um für das Publikum sowie für die Werbung interessant zu bleiben. Sie müssen sich gleichzeitig selbst im Bereich der neuen Medien engagieren, um hier nicht den Anschluss zu verlieren, aber auch um tragfähige Geschäftsmodelle zu entwickeln. Wie groß der Druck ist, der auf den klassischen Medien lastet, erkennt man an einer dritten Konsequenz, dem enormen Werbeaufwand, den Medien ihrerseits betreiben müssen, um ihr Publikum überhaupt zu erreichen und damit für die werbetreibende Wirtschaft attraktiv zu bleiben.

Traditionell sind die Handelsorganisationen sowie die Automobilhersteller die beiden werbestärksten Branchen in Deutschland. Unternehmen wie Rewe, Lidl, Aldi gaben 2012 rund 1,7 Mrd. Euro für die Schaltung ihrer Werbeanzeigen und Spots in den Medien aus, bei der Automobilbranche sind es rund 1,6 Mrd. Euro. Auf den Plätzen drei, vier und fünf folgen interessanterweise mit Zeitungen (1, 4 Mrd. €), Publikumszeitschriften (965 Mio. €) und Online-Dienstleistungen (954 Mio. €) die Medien selbst. Nimmt man noch die Ausgaben für Werbeschaltungen der Fernsehsender (447,9 Mio. €) sowie die der sonstigen Medien und Verlage (675,6 Mio. €)

hinzu, ergibt dies ein Gesamtvolumen von immerhin 4,5 Mrd. Euro – ein stolzer Betrag. Dabei handelt es sich um Brutto-Zahlen. Rabatte sind also nicht berücksichtigt. Solche Rabatte gewähren Medien gerne in Krisenzeiten, sie dürften aber auch im Rahmen der »Crosspromotion« eines Medienkonzerns keine unwesentliche Rolle spielen. Crosspromotion liegt beispielsweise vor, wenn die verschiedenen Sender der RTL-Gruppe wechselseitig füreinander werben. Dies ist in Zeiten einer hohen Medienkonzentration oft der Fall und erklärt zu einem Teil die hohen Werbeausgaben der Medien. Dennoch zeigen diese Zahlen sehr deutlich, dass unter den Bedingungen verschärfter Konkurrenz im Mediensystem Zeitungen und Zeitschriften, Fernseh- und Hörfunkveranstalter selbst enorme Anstrengungen unternehmen müssen, um Aufmerksamkeit zu erhalten. Die kommerzielle Werbung und das redaktionell betreute Programm sind heutzutage also gleich in zweifacher Hinsicht sehr eng aufeinander bezogen. Als Einnahmequelle finanziert Werbung das Programm der Medien. Als Instrument der strategischen Kommunikation von Medienunternehmen verschafft sie dem Programm auf wettbewerbsintensiven Aufmerksamkeitsmärkten Geltung.

Die Expansion des Mediensektors, die voranschreitende Fragmentierung des Publikums sowie der zunehmende Werbeverdruss stellen spätestens seit Beginn der 1980er Jahre an die Werbetreibenden hohe Anforderungen. Sie haben zu einer Reihe von neuen Werbeformen geführt, mit denen Werbetreibende sich an die veränderten Bedingungen im Mediensystem anpassen. Programmintegration und Programmäquivalenz sind zwei wichtige Zielvorgaben, auf die die Entwicklung neuer Werbeformen in den vergangenen Jahren stark ausgerichtet war. Werbetreibende Unternehmen drängen nicht nur immer stärker ins Programm der Medien, sondern nutzen ihrerseits in gesteigertem Maße auch eigene mediale Plattformen zur Verbreitung ihrer Botschaften. Unternehmen haben heute eine eigene Homepage, etliche Microsites, Facebook-

und Twitter-Accounts, möglicherweise einen YouTube-Channel und vieles mehr. Vor allem mit Blick auf das Web 2.0 ist in Branchenkreisen oft die Hoffnung geäußert worden, dass diese neuen Kanäle zu mehr Dialog zwischen Werbetreibenden und Konsumenten führen könnten. In der Praxis hat sich jedoch schnell gezeigt, dass aus Sicht der Unternehmen »echter« Dialog auf Massenmärkten schlicht zu teuer und zu aufwändig wäre. Aus Sicht der Konsumenten bezieht sich das Interesse an »Dialog« in sozialen Medien überdies in aller Regel mehr auf zusätzlichen Service als auf intensiven Austausch.

Dennoch beginnt sich die Rolle der Werbetreibenden unter dem Einfluss des Medienwandels sehr grundlegend zu verändern. Unternehmen sind heute nicht mehr ausschließlich Nachfrager von »Werbe-Rahmenprogramm«, in das sie ihre Produktbotschaften einfügen. Vielmehr treten sie an vielen Stellen aus dem Schatten der Medien heraus und machen ihrerseits mit viel Selbstbewusstsein inhaltliche Angebote, die sie an ihre Zielgruppen frei verteilen. In der Fachdiskussion kursiert inzwischen eine Reihe von unterschiedlichen Begriffen für diese und vergleichbare Phänomene. Von Content Marketing ist die Rede oder von Advertainment, von Branded Entertainment oder Viral Marketing. Die Verbreitung von Inhalten in sozialen Medien ist hier überall ein ganz wesentlicher Teil des Kalküls der Werbetreibenden. Werbung, die sich durch die freiwillige Unterstützung von Rezipienten und Konsumenten selbstständig weiterverbreitet, löst sich aus der Abhängigkeit von den klassischen Medien. Sie kann daher aus Sicht der Werbetreibenden dazu beitragen, Einschaltkosten in erheblichem Umfang einzusparen. Werbung, die auf die selbstständige Verbreitung in sozialen Netzwerken abzielt, setzt voraus, dass Menschen gern über Werbung, Medien und Konsum sprechen.

Viralität: Werbung, die sich epidemisch verbreitet

»Haben Sie neulich versucht, irgend jemanden von ihren politischen Ideen zu überzeugen?« »Hat neulich irgend jemand Sie um Rat über ein politisches Problem gebeten?« Diese beiden Fragen sind in der Kommunikations- und Medienwissenschaft berühmt geworden, denn mit ihrer Hilfe identifizierte Paul Lazarsfeld gemeinsam mit seinen Kollegen in den 1940er Jahren erstmals sogenannte Meinungsführer in sozialen Gruppen. Diese Meinungsführer geben die Informationen der Massenmedien an weniger aktive Teile der Bevölkerung weiter, ordnen sie ein, erklären und kommentieren sie. Seitdem gelten Meinungsführer als überaus mächtige Knotenpunkte im Prozess der öffentlichen Meinungsbildung. Lazarsfeld und seine Kollegen identifizierten in der Gruppe der von ihnen befragten Personen mit ihren beiden Fragen rund 20 % der Befragten als Meinungsführer. Wenn es um Politik geht, dann ist die Zahl derer, die einen Rat geben oder um einen solchen Rat gebeten werden, also relativ gering. Ist das auch so, wenn es nicht um Politik, sondern um Konsum geht? Lazarsfeld und seine Kollegen hat diese Frage seinerzeit nicht interessiert. »Haben Sie in letzter Zeit versucht, irgend jemanden von Ihren Konsumpräferenzen zu überzeugen?« »Hat in letzter Zeit irgendjemand Sie um Rat in Konsumfragen gebeten?« Wenn man nun aber so fragt, gibt rund die Hälfte der Befragten an, dass sie in letzter Zeit um Rat gebeten worden sind oder einen Rat gegeben haben. Ganz offensichtlich stehen also Konsumfragen ganz oben auf der Hitliste beliebter Themen. Die Hoffnungen der Werbetreibenden auf Verbreitung ihrer Medienangebote sind also durchaus berechtigt.

Eine der erfolgreichsten Produktionen der letzten Jahre, bei denen aus Sicht der Werbetreibenden genau solche mobilisierenden Effekte einer auf Verbreitung und Partizipation angelegten Kampagne eingelöst wurden, ist die Edeka-Kampagne »Supergeil«. Im Zentrum dieser Kampagne steht ein Videoclip mit dem Berliner Szenekünstler Friedrich Liechtenstein. Der Clip verbreitete sich in kürzester Zeit in den digitalen Medien und zog überdies selbst im Ausland eine umfangreiche Berichterstattung in den klassischen Massenmedien nach sich. Die rauchige Stimme des Künstlers, der skurrile Humor, die coole Musik – all dies sorgte für eine enorme Resonanz des Clips.

Ein noch weitaus umfangreicheres, aber ebenso erfolgreiches virales Werbe-Projekt ist aus der Kooperation des Chipherstellers Intel und des Computerbauers Toshiba hervorgegangen. Die auf dem berühmten Werbefestival in Cannes hochdekorierte Kurzfilmserie »The Beauty Inside« handelt von Alex, einem jungen Mann, der jeden Tag von neuem in einem anderen Körper aufwacht – jung oder alt, Mann oder Frau, schön oder hässlich. Die Kurzfilmserie, die von rund 70 Mio. Menschen im Internet gesehen wurde, verdankt ihren Namen der Anspielung auf den bekannten Slogan »Intel inside«, wird aber inhaltlich eng durch die Handlung der insgesamt sechs Episoden getragen. Denn eines Tages verliebt sich Alex in die bezaubernde Leah. Und nun muss sich bewahrheiten, dass wahre Liebe tatsächlich auf innere Werte setzt. Die insgesamt sechs Episoden der Kurzfilmserie wurden auf einer eigenen Website sowie auf YouTube verbreitet. Die eigentlichen Hauptakteure dieses »Social Films« sind dabei die Zuschauer selbst. Denn sie können ihrerseits in die Rolle von Alex schlüpfen und die Liebesgeschichte zwischen Alex und Leah mit eigenen Videos fortschreiben. Das Folgeprojekt von Intel und Toshiba, »The Power Inside« feierte im August 2013 Premiere. Die ebenfalls sechs Episoden mit Harvey Keitel in der Hauptrolle handeln von einer Invasion durch Außerirdische, der sich eine Gruppe von tapferen Menschen entgegenstellt. Wieder konnten sich die Zuschauer mit eigenen Videos in die Geschichte einschreiben. Neu an diesem Projekt war, dass Intel und Toshiba nun erstmals auch Werberaum für integrierte Produktplatzierungen an Unternehmen wie Spotify, Skype, Fossil oder Skullcandy verkauften.

Kooperationen wie diese sind freilich die Ausnahme, sie sind nicht repräsentativ für eine herrschende Praxis im Mediensystem. Aber sie zeigen sehr deutlich, wie weitreichend die möglichen Konsequenzen der strategischen Umorientierung werbetreibender Unternehmen sind. Früher gaben Unternehmen etwa ein Drittel ihrer Werbeausgaben für die Produktion einer Kampagne aus und etwa zwei Drittel für deren Platzierung in Tageszeitungen und Zeitschriften, im Fernsehen, im Hörfunk oder auf Plakaten. Heute hat sich dieses Verhältnis in vielen Fällen umgedreht. Zwei Drittel des Budgets verschlingt die Produktion der Kampagne, nur noch ein Drittel wird für deren mediale Verbreitung eingeplant. Die Folgen dieser finanziellen Gewichtsverlagerung für die Medienfinanzierung liegen auf der Hand.

Aber nicht nur die traditionellen Geschäftsmodelle in der Dreiecksbeziehung zwischen den werbetreibenden Unternehmen, den Agenturen und den Medien sind in Bewegung geraten. Auch die Ästhetik der Werbung verändert sich in digitalen Medienumgebungen. Das kommunikative Repertoire der klassischen Werbung, also etwa die kurzen emotional besetzten Kaufappelle, wie man sie aus Werbeanzeigen oder TV-Spots kennt, wird erweitert um erzählerische Formen der Markeninszenierung bzw. der Markensublimierung. Virale Spots bedienen sich in deutlich stärkerem Maße Aufsehen erregender Darstellungen als Werbung in klassischen Medien. Dies hat viele Gründe, so etwa die deutlichen Unterschiede zwischen Internet- und TV-Publika sowie die starke öffentliche Kontrolle von Fernsehprogrammen im Vergleich zu einer eher schwachen Kontrolle des Internets und seiner Dienste. Um sich als Thema und Tauschobjekt in sozialen Netzwerken behaupten zu können, setzen virale Kampagnen überdies auf vergleichsweise spektakuläre und provokative Darstellungen. Da die Werbung bereits traditionell mit diesen Darstellungen nicht gerade geizt, kann man sagen, dass hier die weitere Zuspitzung einer bereits bestehenden Kommunikationspraxis erfolgt.

Personalisierung

Noch in einer weiteren Hinsicht ist Werbung in digitalen Medienumgebungen eine Zuspitzung des bereits Bestehenden. Spätestens seit dem 19. Jahrhundert hat sich, wie wir gesehen haben, immer deutlicher gezeigt, dass Werbung in einem ganz besonderen Sinne exklusive Kommunikation ist. Dieser Zusammenhang wird als die »doppelte Ausblendungsregel« der Werbung bezeichnet. Diese Regel besagt zunächst einmal, dass die Werbung alles ausblendet, was die positive Ausstrahlung, die Überzeugungskraft und Attraktivität des Werbe-Appells negativ beeinflussen könnte (sachliche Ausblendungsregel). Die Ausblendungsregel besagt darüber hinaus, dass die Werbung stets klar definierte Zielgruppen anspricht (soziale Ausblendungsregel). Dieser Bezug auf eine bestimmte Zielgruppe bildet in fast allen werbefinanzierten Medien die Geschäftsgrundlage im Verhältnis zwischen den Medien und der Werbung. Medien produzieren Inhalte auf dem Publikumsmarkt und Zielgruppen auf dem Markt für Werberaum und Werbezeit. In einer zugespitzten Form ist dies, die Vermarktung des Publikums, ein Eckpfeiler der meisten Geschäftsmodelle in digitalen Medienumgebungen. Die Ursache besteht darin, dass sich vor allem in journalistischen Onlinemedien bezahlte Angebote bislang kaum durchsetzen konnten. Umso wichtiger werden vor diesem Hintergrund jene im Rahmen der Onlinemedien hoch verfügbaren Nutzerdaten als harte Währung im Werbegeschäft. Den meisten ist gar nicht bewusst, wie viele Spuren wir hinterlassen, wenn wir online sind. Wenn wir eine Seite im Internet aufrufen, sendet unser Computer automatisch die Adresse seines Standortes mit, die Uhrzeit, Informationen in Bezug auf die vorher besuchten Seiten werden gesendet, ebenso wie viele andere Informationen, die in der Summe ein detailliertes Nutzerprofil erschaffen. Die Werbung in digitalen Medien stützt sich stark auf solche Daten, um ihren Zielgruppen maßgeschneiderte Angebote zu präsentieren. Wer gerade noch »Garten« gegoogelt hat, erhält daher in der Seitenleiste seines Browsers zur Belohnung Angebote des lokalen Gartenbaucenters. Die Werbung ist eine der treibenden Kräfte im Prozess der voranschreitenden Individualisierung, ja Personalisierung der medienvermittelten Kommunikation. Ihr Einfluss zeigt sich heute damit nicht mehr ausschließlich in den großen ideologisch aufgeladenen Anzeigen, Spots oder Plakaten, die in Zeiten der lebhaft geführten gesellschafts- und konsumkritischen Debatten der 1960er und 1970er Jahre Kritik auf sich gezogen haben. Der Einfluss der Werbung zeigt sich heute zumindest im gleichen Umfang in den kleinen maßgeschneiderten Angeboten, die keine verlockenden, verführenden Traum- und Wunschwelten aufbauen, sondern einfach nur zur richtigen Zeit am richtigen Ort die richtige Information platzieren.

Man kann sich an all dem noch einmal sehr klar den geradezu bahnbrechenden Veränderungsprozess im Werbesystem vor Augen führen, der sich seit vielen Jahren vollzieht. Zwar war die Werbung in den klassischen Medien nie so schlecht gelitten wie vielerorts behauptet, aber die grundsätzliche Strategie der Werbetreibenden bestand doch darin, sich in den Alltag ihrer Zielgruppen hineinzudrängen, sich einzuschleichen, sich selbst einzuladen. Demgegenüber setzen neuere Formen der Werbung sehr stark auf das Interesse des Publikums, warten auf dessen explizite Einladung, bieten maßgeschneiderte, in vielen Fällen sogar personalisierte Dienste, Informationen und Unterhaltung an. Diese Entwicklung wirft in Bezug auf ihre individuellen und gesellschaftlichen Wirkungen sehr unterschiedliche Fragen auf. Sie birgt aus Sicht der Werbetreibenden viele Wirkungschancen, aus Sicht der

Gesellschaft aber auch viele Wirkungsrisiken. Verschaffen wir uns in den folgenden Abschnitten einen Eindruck von diesen Chancen und Risiken und schauen uns dabei genauer die Herausforderungen an, vor die uns neue Werbeformen stellen.

6. Wie Werbung wirkt

In diesem Kapitel werden die zentralen Annahmen und Befunde der Werbewirkungsforschung zusammenfassend dargestellt. Das Augenmerk liegt auf vier thematischen Grundorientierungen: (1) Welchen Einfluss haben unterschiedliche Grade an Ich-Beteiligung (Involvement) auf die Wirkung von Werbung? (2) Wie wirkt es sich auf die Wirkung von Werbung aus, dass uns werbliche Medienangebote in Frequenz immer und immer wieder begegnen? (3) Wie wirkt Werbung unterhalb der Wahrnehmungsschwelle (subliminal)? (4) Gibt es Reize, die uns gleichsam automatisch »aktivieren« und empfänglich für Werbebotschaften machen?

Mit der Frage nach den Werbewirkungen betritt man eines der zentralen Gebiete der Werbeforschung. Immerhin will Werbung wie kaum eine andere Form der öffentlichen Kommunikation Wirkungen erzielen. Ja, sie definiert sich geradezu durch diesen Anspruch. Genauer genommen will Werbung in aller Regel intendierte und nicht irgendwelche Wirkungen erzielen, sie will also *erfolgreich* sein. Noch genauer müsste man sagen: Werbung will *effizient* sein. Denn natürlich ist sie in den meisten Fällen fest eingebunden in ein ökonomisches Kalkül. Werbung muss sich aus Sicht ihrer Auftraggeber nun einmal lohnen. Sie muss daher nicht nur erfolgreich Einstellungen in eine bestimmte Richtung verändern, ein ganz bestimmtes Verhalten oder eine Handlung auslösen, sondern sie muss dies auf der Grundlage einer vernünftigen Zweck-Mittel-Relation tun.

Wenn man dieses einfache Begriffsraster – Effizienz, Erfolg, Wirkung – zugrunde legt und damit den Forschungsstand ordnet, dann sieht man sehr schnell, dass der größte Aufwand zur Beurteilung von Werbewirkungen mit Blick auf den Erfolg und die Effizienz von Werbung betrieben wird. Eine Handvoll von Marktforschungsunternehmen dominiert hier das Feld. Das amerikanische Unternehmen AC Nielsen beispielsweise, die in Nürnberg ansässige Gesellschaft für Konsumforschung (GfK), weltweit operierende Unternehmen wie Icon Added Value, tns Research oder Milward Brown entscheiden über Gewinner und Verlierer im Markt und beziffern den Anteil, den die Werbung daran hat. Die Daten, die diese Marktforschungsunternehmen anbieten, geben Auskunft über den Verlauf der gestützten Wiedererkennung *(recognition)* und die ungestützte Erinnerung *(recall)* einer Marke. Sie zeigen, wie beliebt eine Marke ist oder welche Werte Menschen mit ihr assoziieren. Diese Informationen gehören zum Standardrepertoire der Marktbeobachtung durch werbetreibende Unternehmen. Werbeagenturen arbeiten mit diesen Daten, die ihnen von ihren Kunden, den Werbetreibenden, zur Verfügung gestellt werden. In den Agenturen treten immer häufiger Experten auf den Plan, die sich auf das Lesen, Interpretieren und Veranschaulichen dieser großen und komplizierten Datenbestände spezialisiert haben.

Wirkungen messen: Zuverlässigkeit oder Gültigkeit

Die Überprüfung der Wirkungen, des Erfolgs oder gar der Effizienz einer Werbekampagne ist in der Praxis nicht ganz einfach. Die Werbung stellt nämlich nur *einen* Einflussfaktor neben vielen anderen dar, die den Markterfolg eines Produkts beeinflussen. Da ist zunächst einmal natürlich der Preis des Produkts, aber auch dessen Verpackung, die Produktion oder der Vertrieb. Alle diese Variablen kann der Werbetreibende verändern, um seinen Markterfolg zu beeinflussen. Aufgrund der Fülle solcher Variablen lässt sich in der Praxis mit letzter Gewissheit oftmals eben nicht feststellen, welche Wissens-, Einstellungs- und Verhaltensänderungen genau auf die Rezeption der Werbung zurückzuführen sind und welche nicht. Die einfache Rechnung »mehr Werbung = mehr Gewinn« geht also nicht so ohne Weiteres auf. Oftmals stimmt sie selbst dann nicht, wenn sich ein lupenreiner Zusammenhang zwischen der Höhe an Werbeaufwendungen und der Höhe des Unternehmenserfolgs nachweisen lässt. In guten Jahren investieren viele Unternehmen nämlich oftmals mehr Geld in Werbung. Umgekehrt streichen sie dafür jedoch in schlechten Zeiten zunächst einmal bei ihren Werbeetats. Der bisherige Markterfolg eines Unternehmens bestimmt daher den zukünftigen Werbeeinsatz oftmals stärker als der bisherige Werbeeinsatz seinerseits den zukünftigen Markterfolg. In vielen Fällen beeinflussen Werbeausgaben darüber hinaus weniger die Konsumenten als vielmehr die Einzelhändler im Sinne einer sich selbst erfüllenden Prophezeiung. Vor dem Hintergrund angekündigter Werbemaßnahmen bauen Einzelhändler nämlich oft Gewinnerwartungen auf, investieren ihrerseits in zusätzliche verkaufsfördernde Maßnahmen und geben dem jeweiligen Produkt etwa einen besonders gut sichtbaren Platz im Regal. Die Folge sind dann tatsächlich eintretende Umsatzzuwächse. Die Ursache ist aber weniger die vom Werbetreibenden geschaltete Werbemaßnahme als vielmehr das zusätzliche Engagement des Einzelhändlers.

Die skizzierten Probleme gelten für die Werbung im Besondern, betreffen aber methodische Herausforderungen der Medienwirkungsforschung im Allgemeinen. Medienangebote treffen immer auf Rezipienten in Kontexten. Solche Kontex-

te sind einmal das, was ein spezifischer Leser, Zuschauer oder
Zuhörer an Voraussetzungen mitbringt, wenn er Medien nutzt:
Allgemein unterscheiden sich Menschen etwa darin, wie be-
einflussbar sie sind. Darüber hinaus bringen die einen mehr,
die anderen weniger Vorwissen mit, wenn es um bestimmte
Medienangebote geht. Aufgrund ihrer spezifischen Lebenssi-
tuation und Kenntnisse sind manche Menschen mehr, andere
weniger bereit, bestimmte Medienangebote als glaubwürdig
zu erachten und so weiter. Kontexte sind aber auch die Quelle des Medienangebots, das verwendete Medium und natürlich die jeweilige Rezeptionssituation. Alle diese verschiedenen Kontext-Faktoren erklären die Differenz von Wirkungen
bei unterschiedlichen Individuen, die das gleiche Medienangebot gesehen, gelesen oder gehört haben. Es stellt sich immer
die Frage, was eigentlich den stärkeren Einfluss ausübt: die
verschiedenen Kontexte oder die jeweiligen Medienangebote, die in diesen Kontexten genutzt werden. In Wissenschafts-
kreisen gleicht es nahezu einem Glaubensstreit zwischen verschiedenen Lagern, welchem der beiden Faktorenbündel man
mehr Gewicht einräumt.

Im Kern handelt es sich dabei um die Frage, welches von
zwei zentralen wissenschaftlichen Gütekriterien man stärker
in den Vordergrund rückt: die Reliabilität, also die Zuverlässigkeit einer wissenschaftlichen Untersuchung, oder die Vali-
dität, also die Gültigkeit einer Untersuchung. Denn oft werden die beiden Kriterien als widerstreitende, nicht gleichzeitig
optimal erreichbare Ziele angesehen. So lassen sich im Rahmen experimenteller Untersuchungsdesigns Werbewirkungen zwar sehr genau, also sehr zuverlässig messen. Allerdings
wird mit Blick auf diese Labor-Befunde oft kritisiert, dass sie
mit dem wirklichen Leben nichts zu tun haben und nur wenig Gültigkeit besitzen.

Stufen und Routen: das mentale Wegenetz von Konsumenten

Um sich einen Eindruck von der Fülle an Variablen zu verschaffen, denen im Hinblick auf Werbewirkungsprozesse eine mögliche Erklärungskraft zugeschrieben wird, ist ein Blick in die frühen Anfänge der Massenkommunikationsforschung hilfreich. Während Werbewirkungsforschung und Massenkommunikationsforschung heute weitgehend getrennt voneinander erfolgen, bildeten in den Anfängen die Wirkungen von persuasiven, also überredenden und überzeugenden Medienangeboten zentrale Forschungsthemen. Hier ist an die vielen Arbeiten des Yale Communication Research Program zu erinnern, in dem unter der Leitung des Sozialpsychologen Carl Iver Hovland in streng kontrollierten Experimenten die Wirkung persuasiver Kommunikation untersucht wurde. Die aus der Propagandaforschung hervorgegangenen und bis heute als Grundlagen der Persuasionsforschung geltenden Arbeiten der Yale-Gruppe werden auch als »wissenschaftliche Rhetorik« bezeichnet. Darin kommt zum Ausdruck, dass die Wurzeln dieser Forschungsperspektive bereits in der Antike zu finden sind. So gingen schon Rhetoriker in der Antike davon aus, dass eine Aussage dann ihre beabsichtigte Wirkung erzielt, wenn sie nur sorgfältig genug formuliert worden ist. Wir sprechen ja auch heute noch in diesem Sinne von »Informationen«. Jemanden richtig zu informieren bedeutet im ursprünglichen Sinne des Wortes eben, eine Aussage zunächst einmal in (die richtige) Form zu bringen. Ist es zur Erreichung bestimmter Beeinflussungsziele effektiver, nur unterstützende Argumente oder aber auch Gegenargumente zu nennen? Welches der Argumente sollte zuerst, welches zuletzt genannt werden? Macht es einen Unterschied, ob die Rezipienten bereits vorher eine Meinung zu dem Thema gefasst haben oder nicht? Wie zielführend sind rationale, wie zielführend sind emotionale Appelle? Was ist wichtiger: die Glaubwürdigkeit der zitierten Quelle oder die der zitierenden Quelle? Wie lange erinnert man sich überhaupt daran, wer eine Aussage gemacht hat? Fragen wie diese beschäftigen die Werbeforschung bis heute und haben ihren Ursprung in den Arbeiten der Yale-Gruppe.

Für Hovland und seine Mitarbeiter war wichtig, dass es im Prozess der Wirkung von Propaganda mentale Wirkungsstufen gibt – Aufmerksamkeit, Verständnis und Annahme –, die in einem hierarchischen Verhältnis zueinander stehen und im Bewusstsein des Rezipienten nacheinander durchlaufen werden müssen. Aufmerksamkeit ist die Voraussetzung für Verständnis, und dies ist wiederum die Voraussetzung für die Annahme der Botschaft eines Medienangebots, die sich dann in einem bestimmten Verhalten äußert. Diese Vorstellung in Bezug auf Wirkungsstufen galt zu Hovlands Zeiten als gesichertes Wissen. Bereits gegen Ende des 19. Jahrhunderts hatte der amerikanische Werbepraktiker Elias St. Elmo Lewis eines der ersten und noch heute weitverbreiteten Stufenmodelle zur Beschreibung von Werbewirkungsprozessen vorgelegt – die AIDA-Formel. Hinter dem Akronym verbergen sich vier Phasen des Werbewirkungsprozesses, die am Ende zur Kaufentscheidung des Konsumenten führen. Am Anfang gilt es zunächst einmal, die Aufmerksamkeit (A) des Kunden zu erregen. Wenn dies gelungen ist, muss das Interesse (I) für das Produkt geweckt werden. Nach dem allgemeinen Interesse folgt im Idealfall das Verlangen nach dem Erwerb des Beworbenen (D wie engl. Desire) und danach die Kaufhandlung (A wie engl. Action) – kurz: AIDA.

Die AIDA-Formel besitzt auch heute noch eine gewisse Popularität. Allerdings ist von Seiten der Forschung inzwischen deutliche Kritik an ihr geübt worden. Problematisch sind Stufenmodelle wie die AIDA-Formel nach weitgehend übereinstimmender Auffassung schon allein deswegen, weil nicht klar ist, ob zur Beeinflussung einer gewünschten Kaufhandlung alle Stufen durchlaufen werden müssen oder nicht.

Eine ganze Reihe von Forschungen hat gezeigt, dass Werbung oft ein ganz bestimmtes Verhalten bewirkt, auch und gerade dann, wenn es zuvor keine bewusste Aufmerksamkeit, kein Interesse oder gar Verlangen nach dem entsprechenden Produkt gegeben hat. Klassische Stufenmodelle gehen von sehr bewussten Wirkungsverläufen aus. Demgegenüber sind heute Forschungsansätze tonangebend, die Werbewirkungen als unbewusst ablaufenden Prozess der Informationsverarbeitung begreifen.

Vier thematische Grundorientierungen rastern dabei das Forschungsfeld:

Im Rahmen der sogenannten Involvement-Forschung liegt der Fokus auf dem Interesse, der *Ich-Beteiligung,* von Rezipienten. Von hier aus kommt man zu wichtigen Schlussfolgerungen in Bezug auf das langfristige Lernen von Werbebotschaften. Diese Effekte werden bestimmt durch die jeweilige Route der Informationsverarbeitung und hängen mit der selektiven Beachtung bestimmter Merkmale des werblichen Medienangebots durch den Rezipienten zusammen.

Einen zweiten Schwerpunkt bilden Arbeiten, die bei einem besonders charakteristischen Merkmal der Werbung starten, nämlich bei der hohen *Frequenz* ihres Erscheinens. Werbung begegnet uns in unserem Alltag überall und immer wieder. Was macht das mit uns, und wie beeinflusst dies die Wirkung von Werbung? Das zugrundeliegende psychologische Argument zur Beantwortung dieser Fragen geht auf die Arbeiten des amerikanischen Sozialpsychologen Robert Zajonc zurück.

Den dritten Einstiegspunkt bilden die Befürchtungen, die sich auf die Wirkung *subliminaler,* also nur unterschwellig wahrnehmbarer Werbeappelle richteten, wie sie Mitte der 1950er Jahre erstmals durch den amerikanischen Marktforscher James Vicary geschürt wurden.

Einen vierten Schwerpunkt bildet das »*Aktivierungsparadigma*«. Dahinter verbirgt sich die Annahme, dass bestimmte klar erkennbare Reize imstande sind, den Rezipienten, wie wir

gesehen haben, aufnahmebereit für den Werbeappell zu machen. Schauen wir uns diese verschiedenen Zugänge zu auto-
matisierten Wirkungsprozessen genauer an. Beginnen wir mit
der Involvement-Forschung.

Involvement

Einer der bekanntesten Werbewirkungsansätze dieser Art
stammt von dem amerikanischen Marktforscher Herbert E.
Krugman. Um das Argument Krugmans besser zu verstehen,
ist es hilfreich, wenn man sich klarmacht, dass sich das Fernsehen Mitte der 1960er Jahre in Amerika bereits zu einem
echten Massenmedium entwickelt hatte, in dem seichte Unterhaltungsangebote massenhaft über den Bildschirm flim-
merten. Deswegen konnte Krugman mit der breiten Zustim-
mung seiner Zuhörer rechnen, als er 1965 in einem Vortrag
vor den Mitgliedern der »American Association for Public
Opinion Research« seine These vom Lernen ohne aktive Be-
teiligung *(Involvement)* vorstellte und dabei betonte, dass die
Fernsehrezipienten mit Werbung und anderen trivialen Medienangeboten geradezu »bombardiert« würden. Solche Angebote, davon war man in jener Zeit überzeugt, sind nicht in
der Lage, die Einstellungen oder gar das Verhalten ihrer Betrachter zu verändern. Dazu bedürfe es einfach mehr inhaltlicher Substanz.

In der Medienwirkungsforschung jener Zeit herrschte die
Überzeugung vor, dass die Massenmedien einen eher geringen Einfluss besitzen, wenn es darum geht, die Einstellungen
der Rezipienten zu beeinflussen. Anders als seine Zeitgenossen erkannte Krugman jedoch in der Banalität und schie-
ren Menge an trivialen Angeboten der Massenmedien keinen Hinderungsgrund, sondern geradezu die entscheidende
Voraussetzung für langfristige starke Medienwirkungen. Diese Überlegung war in Krugmans Zeit höchst ungewöhnlich.

Denn die Medienwirkungsforschung jener Zeit ging vor allem der Frage nach, wie die Massenmedien bestehende Einstellungen unmittelbar verändern und neue Einstellungen an deren Stelle platzieren können. Solche Prozesse, so beobachtete Krugman, laufen unter den Bedingungen der medialen »Dauerberieselung« durch Werbung gar nicht ab. Statt dessen betonte Krugman zwei andere Prozesse: Indem werbliche Aussagen wiederholt gelernt, vergessen und wieder gelernt würden, gelangten sie erstens allmählich ins Langzeitgedächtnis. Dies führe zweitens dazu, dass wir ein beworbenes Produkt oder eine beworbene Marke auf der Grundlage der gleichen Kriterien wie zuvor, im Verlauf der Zeit aber mit einer anderen Gewichtung dieser Kriterien wahrnähmen. »Mars macht mobil« – dieser Slogan ist bei einfacher Darbietung trivial. Bei wiederholter Darbietung wird er irgendwann zum charakteristischen Merkmal des Schokoriegels. Der Clou der Argumentation Krugmans besteht nun darin, dass er in der Kaufsituation den Auslöser für die Bewusstwerdung jener langfristigen Prozesse latenten Lernens erkannte, die gewissermaßen unterhalb der Wahrnehmungsschwelle abgelaufen sind, bis es zum Kauf kommt. Dies ist ein gutes Erklärungsmodell für viele alltägliche Konsumentscheidung. »Alles Müller, … oder was?«, »Die zarteste Versuchung, seit es Schokolade gibt« – diese Slogans sind völlig irrelevant für die unmittelbare und spontane Veränderung von Einstellungen. Aber sie sind aufgrund ihrer gebetsmühlenartigen Wiederholung auf allen massenmedialen Kanälen im Moment einer konkreten Kaufentscheidung mental hoch verfügbar. Sie werden z. B. durch den visuellen Schlüsselreiz der Verpackung ins Bewusstsein gehoben und bilden unter den Bedingungen austauschbarer Konsumentscheidungen für diesen und nicht jenen Schokoriegel oftmals das Zünglein an der Waage.

Der hohe Stellenwert der Involvement-Forschung verdankt sich der Tatsache, dass Krugman in der vermeintlichen Schwäche der Werbung deren entscheidende Stärke erkannt hatte. Einen ganz ähnlichen Ansatz wie Krugman haben seit Ende der 1970er Jahre die beiden Psychologen Richard E. Petty und John T. Cacioppo entwickelt. Ihr »Elaboration-Likelihood-Modell« gehört heute sicherlich zu den bekanntesten Ansätzen der Werbewirkungsforschung. Ganz ähnlich wie Krugman gehen auch Petty und Cacioppo von der Annahme aus, dass zwei geistige Routen der Informationsverarbeitung unterschieden werden können: die zentrale Route auf der einen Seite und die periphere Route auf der anderen. Rezipienten, die sich auf der peripheren Route der Informationsverarbeitung bewegen und in diesem Sinne an einem bestimmten werblichen Medienangebot »mental vorbeischrammen«, lassen sich eher durch schnell erfassbare Auslösereize (information cues) beeinflussen. Dies sind etwa visuelle Schlüsselreize, das Verhältnis von Text- und Bildanteilen oder eingängige Slogans. Auf der peripheren Verarbeitungsroute sind also Einstellungs- und Verhaltensänderungen möglich, ohne dass zuvor eine intensive Auseinandersetzung mit der jeweiligen Produktbotschaft erfolgt ist. Rezipienten, die ein werbliches Medienangebot auf der peripheren Route verarbeiten, werten etwa einen langen Anzeigentext als sicheren Hinweis darauf, *dass* ein Werbetreibender etwas zu sagen hat. *Was* er damit zu sagen hat, interessiert indessen eher Rezipienten, die sich auf der zentralen Route der Informationsverarbeitung befinden. Dies ist zum Beispiel der Fall, wenn aktuell eine größere Konsumentscheidung ansteht, etwa der Kauf eines neuen Autos. Rezipienten, die in dieser Situation eine Werbeanzeige betrachten, reicht ein langer Werbetext sowie ein flotter Slogan allein natürlich nicht aus. Sie wollen schon wissen, *was* der Werbetreibende zum Thema Kraftstoffverbrauch, Sicherheit, Komfort und Qualität zu sagen hat und ob sich dies mit den anderen Informationen deckt, die dem Rezipienten zur Verfügung stehen.

Offensichtlich ist ein solides Wissen über das mentale Wegenetz der Konsumenten sowie deren allgemeines Informationsverhalten von enormer Bedeutung für Werbetreibende. Denn wenn man die jeweils ablaufenden Bewusstseinsprozesse sowie die maßgeblichen Auslösereize kennt und berücksichtigt und wenn man darüber hinaus weiß, auf welcher Route sich die Zielgruppe im konkreten Fall bewegt, lassen sich auf der Grundlage dieses Wissens sehr gezielt Kommunikationsstrategien entwickeln. Eine dieser Strategien kann freilich auch darin bestehen, den Streckenverlauf der Informationsverarbeitung auf Seiten der Konsumenten gezielt zu beeinflussen, indem Anreize gegeben werden, den eingeschlagenen Pfad zu verlassen. Viele Unternehmen betreiben in diesem Sinne Ablenkung durch Hinlenkung. Es ist nicht überraschend, das gerade Industrien, deren Produkte sich anhand klarer Kennziffern gut vergleichen lassen, wie die Computer-Branche oder die Automobilbranche, stark auf »dezentrierende« Image-Kampagnen setzen. Wo sich unsere Aufmerksamkeit zentral an der schauspielerischen Leistung Harvey Keitels abarbeitet, wird die Beschäftigung mit den Qualitätsvor- und Nachteilen Intels und Toshibas im Vergleich zu anderen Anbietern am Markt eben möglicherweise umgangen. Werbepraktiker nennen das Ziel dieser Strategie: »Loyalty beyond reason« – Loyalität jenseits der Vernunft.

Aktivierung

Aber gehen wir zum nächsten großen Forschungsparadigma: Aktivierungsforschung. Unter *Aktivierung* wird in der psychologischen Webewirkungsforschung ganz allgemein das Erregungsniveau einer Person verstanden. Dieses Erregungsniveau wird üblicherweise anhand des Hautwiderstands, des Blutdrucks, der Pupillenreaktionen oder der Gehirnströme gemessen. Zu den stärksten Auslösern so gemessener Erregungszustände zählen erotische Reize, das Kindchen-Schema sowie andere »archaische Appelle«. Entgegen der weit verbreiteten Auffassung, dass die Werbung von solchen archaischen Appellen profitiert, wird die Wirkung solcher Reize in der Fachdiskussion eher kritisch beurteilt. Archaische Appelle versetzen die Rezipienten werblicher Medienangebote zwar in einen Zustand der gesteigerten Aktivierung, führen jedoch aus Sicht der Werbetreibenden mit Blick auf die Erinnerungsleistungen oftmals zu kontraproduktiven Ergebnissen. Denn starke Reize wie das Kindchen-Schema oder erotische Darstellungen binden gewissermaßen die kognitive Energie ihrer Betrachter und führen dazu, dass zum Beispiel dem erotischen Model vergleichsweise viel, dem beworbenen Produkt hingegen vergleichsweise wenig Aufmerksamkeit geschenkt wird.

Für die Werbetreibenden erwächst aus dem Zusammenspiel von sensorischer Aktivierung und kognitiver Verarbeitung eine Reihe handfester Probleme. Sie müssen Medienangebote produzieren, die bei den Rezipienten ein hohes Erregungsniveau auslösen, weil dies die Aufmerksamkeit der Rezipienten sichert und zugleich die wahrgenommene Gefühlsintensität bestimmt. Gleichzeitig müssen sie Medienangebote produzieren, die leicht zu verarbeiten sind, weil ansonsten die Gefahr droht, dass Rezipienten die eigentliche Produktbotschaft nicht zur Kenntnis nehmen. Diesen Spagat machen Werbetreibende freilich nicht nur bei dem Einsatz archaischer Appelle. Zu viel Humor wirkt ebenso ablenkend wie zu starke visuelle Reize oder zu viel Originalität bei der Gestaltung eines werblichen Medienangebots.

Mere-Exposure

Die hohe *Frequenz* der Darbietung werblicher Medienangebote ist in aller Regel wesentlicher Bestandteil der meisten Werbestrategien – viel hilft viel. Bereits die Bewertung von Werbeträgern anhand des Tausend-Kontaktpreises (TKP) ist

Ausdruck dieses Denkens. Alleine die wiederholte mediale Präsenz einer Marke, so lautet das Kalkül vieler Werbetreibender, bewirkt, dass diese Marke im Vergleich zu weniger präsenten Marken positiver beurteilt wird.

Wirkungsannahmen dieser Art haben natürlich nicht nur einen theoretischen und empirischen Überbau, sondern auch eine ökonomische Basis. Werden Agenturen über Provisionen bezahlt, deren Bemessungsgrundlage die Media-Spendings sind, also die Ausgaben für Werberaum und Werbezeit in den Medien, dann liegt es aus Sicht der Agenturen nahe, Wirkungskonzepte zu bevorzugen, die hohe Medienausgaben mit sich bringen.

Der theoretische und empirische Überbau aller auf Frequenz setzenden Werbestrategien ist bereits gegen Ende der 1960er als »Mere-Exposure-Effekt« in die Fachdiskussion eingeführt worden, als »Effekt des bloßen Kontakts«. Dieser Effekt lässt sich bei verschiedenen Reizen und in verschiedenen Handlungszusammenhängen beobachten. Etwa bei Bildern oder Tönen, bei sinnhaften oder sinnlosen Begriffen, bei Gerüchen oder bei medial dargestellten oder real vorgestellten Personen. Die meisten werden dies kennen: Was wir häufiger sehen, hören oder tun, gefällt uns in aller Regel besser als das, was wir seltener sehen, hören oder tun. Auch im Bereich der Mediennutzung lassen sich ganz ähnliche Phänomene beobachten. Was wir besser kennen, mögen wir auch lieber. Damit wir ein beworbenes Produkt gut kennen, müssen wir es allerdings nicht unbedingt lange betrachten. Im Gegenteil, am besten wir betrachten es kurz und nebenbei, dies aber oft. Denn wo es im Rahmen der Mediennutzungsforschung um die Messung von Mere-Exposure-Effekten geht, werden die stärksten Effekte bei einer Darbietungszeit des entsprechenden Medienangebots von weniger als einer Sekunde gemessen – ungefähr so lange, wie man normalerweise für die Betrachtung einer Werbeanzeige oder eines Werbeplakats braucht. Der Mere-Exposure-Effekt basiert nicht darauf, dass die Betrachter das entsprechende werbliche Medienangebot oder die Marke bewusst wiedererkennen, sondern beschreibt Wirkungsprozesse, die gewissermaßen unterhalb der Wahrnehmungsschwelle ablaufen. Wie erklärt sich dieser Effekt? Die von Robert Zajonc vorgelegte Antwort beruht auf Grundannahmen zur Ökonomie unseres geistigen Haushalts: Was wir häufiger sehen, kennen wir besser. Was wir besser kennen, können wir leichter verarbeiten. Was wir leichter verarbeiten können, gefällt uns besser als das, wofür wir mehr geistige Energie aufwenden müssen.

Es liegt auf der Hand, dass der Mere-Exposure-Effekt vor allem für finanzstarke, am Markt bereits etablierte Unternehmen große Wirkungspotenziale in Aussicht stellt. Die breite mediale Streuung und häufige Wiederholung werblicher Medienangebote in den Massenmedien ist aus Sicht der Praxis die konsequente Folge dieses Ansatzes. Das muss man sich leisten können. Große, bereits etablierte Unternehmen sind nämlich gegenüber kleinen, möglicherweise innovativeren Unternehmen strukturell im Vorteil. Neue Marken, die sich erst noch etablieren, müssen in aller Regel mit einem vergleichsweise hohen Werbeetat »gepusht« werden. Gemessen an den bisher erzielten Umsätzen sind diese Marken daher zunächst einmal deutlich überfinanziert, das heißt, der für sie aufgewendete Anteil an der Summe aller Werbeaufwendungen in dem jeweiligen Marktsegment liegt deutlich über dem Marktanteil der Marke. Diese Vormacht etablierter Marktteilnehmer könnte vor allem dort ein Problem werden, wo der Konsum eines Produkts starke politische und gesellschaftliche Implikationen besitzt.

Auch die massive Ausweitung neuer hochintegrierter Werbeformen, die kontinuierliche Präsenz von Marken etwa im Programm- und Event-Sponsoring, in Split-Screen-Werbung oder Product Placement, lässt sich mit Bezug auf den Mere-Exposure-Effekt erklären. Denn überall hier begegnet uns Werbung in hoher Frequenz, sehr kurz und im Augenwinkel.

In gewisser Hinsicht zeigt der Mere-Exposure-Effekt auch, dass unsere Befürchtungen in Bezug auf die unterschwellige Beeinflussung durch Werbung nicht ganz unbegründet sind.

Priming

Die Angst vor der geheimen Verführung durch Werbung war lange Zeit durch die Sorge getragen, dass unterschwellige Handlungsaufforderungen der Werbetreibenden uns hinterrücks manipulieren können. Zwar hat sich inzwischen die Auffassung durchgesetzt, dass die Wirkungspotenziale solcher Beeinflussungsversuche eher gering sind. In der Tat weist jedoch eine Reihe von experimentellen Untersuchungen neueren Datums darauf hin, dass unterschwellige Botschaften Konsumvorhaben und sogar konkrete Konsumhandlungen gezielt beeinflussen können. Freilich werden solche Effekte unter hoch kontrollierten Bedingungen im Labor der experimentellen psychologischen Forschung gemessen und sind entsprechend vorsichtig zu interpretieren.

Ganz allgemein sind unterhalb der Wahrnehmungsschwelle ablaufende Effekte im Rahmen der Medienwirkungsforschung schon seit etlichen Jahren als *Medien-Priming* bekannt. Das zugrundeliegende Alltagsphänomen dürfte vielen vertraut sein: Durch bestimmte Worte oder Bilder lässt sich unser Denken oftmals in eine bestimmte Richtung lenken. Würden wir gefragt, welches andere Wort auf das Wort »Braut« folgt, würden viele vermutlich eines der folgenden Worte wählen: »Bräutigam«, »Kleid«, »weiß« – eher jedenfalls als »Chlorophyll«, »Dieselmotor« und »grün«. Die psychologische Forschung hat sich mit dem gezielten Verfügbarmachen von Bewusstseinsinhalten durch vorangehende Reize *(primes)* schon etwa seit Mitte der 1940er Jahre beschäftigt. Dabei wurde gezeigt, dass das menschliche Bewusstsein ganz offensichtlich in assoziativen Netzwerken organisiert ist. Diese Netzwerke lassen sich durch die gezielte Aktivierung mentaler Knotenpunkte mit geistiger Energie buchstäblich »fluten«. Medienangebote wirken nach dem gleichen Muster auf unser Bewusstsein ein, indem sie bei ihren Rezipienten ein Netzwerk von Bewusstseinsinhalten aktivieren, das dann gewissermaßen als Interpretationsfolie für die Beurteilung nachfolgender Medienangebote dient.

Solche Priming-Effekte können auf verschiedenen Ebenen auftreten: auf der Mikro-Ebene in Bezug auf ein gegebenes Medienangebot. Der Werbetreibende fragt sich etwa, welche Assoziationsketten der Slogan oder das zentrale Bildelement seiner Anzeige auslöst. Auf der Meso-Ebene können Priming-Effekte zwischen verschiedenen aufeinander folgenden Medienangeboten auftreten. Der Werbetreibende interessiert sich etwa für den redaktionellen Kontext, in dem seine Anzeige oder sein TV-Spot erscheint, und fragt nach entsprechenden Wechselwirkungen zwischen diesem Umfeld und seiner Werbung. Auf der Makro-Ebene können Priming-Effekte als »Issue-Regime« beobachtet werden. Der Werbetreibende interessiert sich dafür, ob es gesellschaftliche Themen *(issues)* gibt, die womöglich den Erfolg seiner Werbung beeinflussen. Alle diese Ebenen spielen für Werbetreibende eine Rolle und werden im Zuge der Strategiebildung berücksichtigt.

Ein Großteil der Wirkungen, auf die Werbetreibende spekulieren, beruht also auf der unterschwelligen Wahrnehmung von Werbebotschaften. Das Prinzip dieses Kalküls hat der mit dem Wirtschafts-Nobelpreis ausgezeichnete israelisch-amerikanische Psychologe Daniel Kahneman als »Gesetz des geringsten Aufwands« bezeichnet. Menschen gehen sparsam mit ihren Energiereserven um, und das betrifft ganz offensichtlich auch ihren kognitiven Energiehaushalt. Vor diesem Hintergrund wird deutlich, dass es nicht ganz unwichtig ist, wie uns Werbung im Alltag begegnet. Nämlich in aller Regel frei Haus und kurz und bündig. Der ebenfalls mit dem Wirtschafts-Nobelpreis ausgezeichnete Ökonom Gary S. Becker hat gemeinsam mit seinem Kollegen Kevin M. Murphy vor diesem Hintergrund darauf hingewiesen, dass Werbung entgegen weit verbreiteter Vorstellungen aus Sicht des Konsumenten oftmals einen Nutzen beinhaltet. Konsumenten können sich nämlich mit ihrer Hilfe schnell und ohne großen Aufwand auf unübersichtlichen Märkten orientieren und mehr oder weniger verlässliche Entscheidungen fällen. Zeit ist bekanntlich Geld. Da lohnt es manchmal, die teurere Marke zu kaufen, wenn man dann schneller mit dem Einkauf fertig ist.

Sozialpsychologische Perspektiven

Werbetreibende spekulieren bei der Planung ihrer Kampagnen freilich nicht ausschließlich auf die Durchlässigkeit kognitiver Verarbeitungsprozesse, sondern versuchen darüber hinaus eine Reihe weiterer Hebel anzusetzen, um ihre Botschaften mit dem gewünschten Erfolg zu verbreiten. Im Zuge der gesellschaftlichen Etablierung onlinebasierter Medien, vor allem des Web 2.0, sind dabei neue Wirkungsfragen in das Blickfeld der Werbetreibenden gerückt. Dies betrifft einmal die persuasiven, also auf Überredung oder Überzeugung beruhenden Wirkungsmöglichkeiten solcher neuen Medientechnologien *an sich* (Mediumwirkungen). Zum anderen rücken Wirkungskalküle in den Vordergrund, die sich auf die Verbreitung von Kampagneninhalten *durch* digitale Medien vor allem in sozialen Netzwerken beziehen (soziale Wirkungen).

Die Frage nach den strukturellen Wirkungen von Medien besitzt eine beachtliche wissenschaftliche Tradition. Man kann sagen, dass sicherlich jedes neue Medium daraufhin befragt wird, wie es in dieser sehr grundsätzlichen Weise auf seine Nutzer, ja auf die Gesellschaft einwirkt. Was die Werbewirkungspotenziale der neuen Medien angeht, sind hier zunächst einmal Forschungen zu nennen, die sich auf den Computer als Medium beziehen. Anhand einer Reihe von erstaunlichen Experimenten konnte etwa gezeigt werden, wie sich Menschen mit Medien sozial in Beziehung setzen, wie sie zu Computerprogrammen höflich sind, wie sie sich Computern gegenüber anders verhalten, je nachdem ob dieser mit einer weiblichen oder einer männlichen Stimme zu ihnen spricht.

Aufbauend auf solchen Beobachtungen hat sich zum Beispiel der amerikanische Psychologe B. J. Fogg mit den persuasiven Möglichkeiten der computervermittelten Kommunikation befasst. Wo immer es darum geht, Menschen zu überzeugen, Einstellungen zu verändern, einen Verhaltenswandel oder einfach nur eine Wissensveränderung zu bewirken, so Fogg, besitzt die computervermittelte Kommunikation im Vergleich zur klassischen Massenkommunikation, aber auch im Vergleich zu Verkäufern aus Fleisch und Blut, zahlreiche Stärken, die Werbetreibende gezielt einsetzen. So lassen Computer anders als eine reale Verkaufsperson niemals locker (Hartnäckigkeit). Sie reagieren auf die Eingabe der Computer-Nutzer (Interaktivität). Sie bieten Vorteile aufgrund der anonymen Kommunikationssituation und können auch daher in Bereichen wirksam werden, zu denen reale Personen keinen Zutritt haben (Anonymität und Barrierefreiheit). Computer sind in der Lage, große Datenmengen zu verarbeiten und als Hintergrundinformation bereitzuhalten (Datenverfügbarkeit). Sie können zwischen verschiedenen Modi der Beeinflussung wechseln (Multimodalität). Werbliche Medienangebote lassen sich im Rahmen computerbasierter Kommunikation schließlich in Bezug auf die Ansprache beliebig großer oder kleiner Zielgruppen je nach Bedarf genau anpassen (Skalierbarkeit). Zusammengenommen sind dies eine Reihe von Gründen, die die computervermittelte Kommunikation und in einem gesteigerten Maße die Onlinekommunikation aus Sicht der Werbetreibenden so interessant machen und verlockende Wirkungen in Aussicht stellen.

Computerforscher wie B. J. Fogg werden nicht müde, die besonderen Wirkungspotenziale von Computern und digitalen Medien zu betonen. Vieles von dem, worüber sie sprechen, ist tatsächlich sehr neu und beschreibt die spezifischen Wirkungschancen und Risiken, die die digitalen Medien mit sich bringen. In vielen Fällen lassen sich Wirkungszusammenhänge in den digitalen Medien aber auch sehr gut auf der Grundlage klassischer, sozialpsychologischer Ansätze der Wirkungsforschung beurteilen, die nun gleichsam eine Renaissance erfahren. Die sozialpsychologischen Triebkräfte des Konsums sind bereits seit Ende des 19. Jahrhunderts eines der großen Dauerthemen der Werbeforschung. So wird immer wieder darauf hingewiesen, dass die Funktion des Konsums nicht zuletzt in der Zurschaustellung von sozialem Status bestehe. Werbung gibt sozialem Status und den zugehörigen Lebensstilen Ausdruck und macht sie dadurch konsumierbar. In der sozialpsychologischen Forschung ist seit Langem bekannt, dass der Wettbewerb, aber auch die Kooperation mit anderen ebenso wie das Streben nach sozialer Anerkennung, starke Triebkräfte menschlichen Verhaltens sind. Das Web 2.0 bietet hier in großer Fülle Gelegenheiten, diese sozialen Schwungräder im Dienste der Werbung in Bewegung zu setzen. Wo immer wie bei Amazon, Zalando oder Booking.com in digitalen Medienumgebungen E-Commerce betrieben wird, wo immer sich audiovisuelle Angebote im Netz verbreiten, werden in aller Regel reichlich soziale Informationen mittransportiert. Wer gerade bei Booking.com ein Zimmer für seinen nächsten Urlaub bucht, sieht, dass sich genau in diesem Moment auch zehn andere Nutzer für dasselbe Zimmer interessieren. Wer zuerst kommt, mahlt zuerst. Auktionsplattformen wie Ebay funktionieren nach demselben Prinzip. Social Movies wie » The Beauty inside« und » The Power Inside« von Toshiba und Intel, » The Hire« von BMW, » The Force« von Volkswagen – sie alle animieren dazu, das Gesehene zu teilen, zu kommentieren, zu ergänzen. Aufgrund dieser sehr gezielten Stimulation sozialer Verarbeitungsprozesse lassen sich lange bewährte soziale Wirkungszusammenhänge auslösen.

Eines der klassischen, seit Jahrzehnten bekannten Wirkungskonzepte der sozialpsychologischen Forschung ist die sogenannte Theorie der sozialen Erleichterung (»Social-Facilitation-Theorie«). Sie liefert mit Blick auf soziale Medien wichtige Grundlagen zum besseren Verständnis der dort ablaufenden Beeinflussungsprozesse. Schon seit den frühen Anfängen der sozialpsychologischen Forschung weiß man, dass Menschen in Gesellschaft anderer zuvor Gelerntes besser anwenden können als allein. Wenn man bereits über entsprechende Grundfertigkeiten in einem Bereich verfügt, lohnt sich aus diesem Grund das Training in einer Gruppe: Man trainiert dann intensiver und effektiver. Für Werbetreibende heißt dies, dass einmal getroffene Markenentscheidungen und das damit erworbene Markenwissen in den kollektiven Aneignungsprozessen des Web 2.0 fortlaufend gehärtet werden. Wer einen Social Film kommentiert oder weiterleitet, wer die Geschichte so gut verinnerlicht hat, dass er selbst zum Darsteller wird und einen eigenen Spot online stellt, der trainiert unter den Augen eines aufmerksamen Publikums sehr effektiv im Sinne der Werbetreibenden die eigene Markenbeziehung. Und er gibt zugleich wichtige Informationen von sich selbst preis. An diese Informationen können die Mitglieder dieses Publikums ihrerseits anschließen, um sich ganz im Sinne der Theorie des sozialen Vergleichs sowie der Theorie des sozial-kognitiven Lernens ihre eigene Meinung über ein Produkt zu bilden.

Man sieht bereits an diesen wenigen Beispielen, welchen Stellenwert soziale Medien für die Werbung besitzen und welche Wirkungskalküle werbetreibende Unternehmen dabei in vielen Fällen in Anschlag bringen. Immer wichtiger wird aus Sicht der Werbetreibenden die Kontrolle der möglichen Pfade einer »Kampagnenreise« durch die verschiedenen Kanäle der digitalen Medien. Wichtige Impulse hat hier der amerikanische Soziologe Mark S. Granovetter geliefert. Granovetter stellte in den 1970er Jahren die These auf, dass sich vor allem schwache Beziehungen zwischen Personen dazu eignen, neue Informationen effektiv zu verbreiten. Aus Sicht der Werbung, die ja geradezu notorisch Neues anpreist, eröffnet diese These natürlich weitreichende Handlungsspielräume. Die These Granovetters scheint freilich zunächst einmal gegen den gesunden Menschenverstand zu sprechen. Warum sollten ausgerechnet schwache persönliche Beziehungen neue (und dadurch riskante) Informationen zwischen sozialen Gruppen vermitteln?

Die Stärke einer Verbindung zwischen zwei Personen, so Granovetter, bemisst sich daran, wie viel Zeit diese beiden Personen miteinander verbringen, wie intensiv die gemeinsame Zeit verbracht wird, welches wechselseitige Vertrauen zwischen den beiden Personen vorliegt und welche »Dienste« man sich gegenseitig leistet. Mit Blick auf die Verbreitung neuer Informationen besitzen schwache Beziehungen (Bekanntschaften) gegenüber starken Beziehungen (Freundschaften) im Wesentlichen zwei entscheidende Vorteile. Erstens: Schwache Beziehungen sind im übertragenen Sinn Brücken zwischen unterschiedlichen sozialen Netzwerken. Starke Beziehungen bestehen nämlich meist zwischen solchen Personen, die sich ähnlich sind. Neue Informationen, etwa in Bezug auf die Vorzüge eines neuen Produkts, die sich über schwache Beziehungen verbreiten, wandern daher in unterschiedliche soziale Gruppen und erreichen eine größere Zahl an Personen als solche Informationen, die sich ausschließlich auf der Grundlage starker Beziehungen verbreiten. Woody Allen hat einmal gesagt: »Ich möchte nicht Mitglied in einem Club sein, der mich aufnehmen würde.« Er wusste schon warum: Dort erfährt man einfach zu wenig Neues. Schwache Beziehungen sind aus Sicht der Werbetreibenden der richtige Kanal zur Verbreitung von Neuheiten. Im Rahmen starker sozialer Beziehungen werden Neuheiten oftmals nämlich

als Abweichung wahrgenommen und sind für die Mitglieder
einer Gruppe riskant, weil man sich möglicherweise in unan-
genehmer Weise exponiert. Außenstehende sind den Normen
und Einstellungen des Freundeskreises weniger verpflichtet
und können daher leichter Innovationen ausprobieren und
ihre Erfahrungen vermitteln.

Mit der Frage, wie wir Neues erfahren, betritt man eines
der zentralen Themenfelder in der aktuellen Debatte um die
individuellen und gesellschaftlichen Wirkungen der Onlinemedien. Theorien sozialer Netzwerke wie die von Granovetter wurden in dieser Debatte vor allem in der Hoffnung her-
angezogen, dass medientechnologische Entwicklungen im
Zeitalter des Web 2.0 allen mehr Zugang zu Wissen, Kultur
und Unterhaltung eröffnen könnten. Wenn man die digitalen Medien richtig nutzt, so die Hoffnung, dann lässt sich womöglich die Vermittlung gesellschaftlich relevanter Information demokratisieren. Viele dieser Hoffnungen sind mit Blick
auf den Aufbau einer globalen Partizipationskultur nicht auf-
gegangen. Durch unsere »schwachen Beziehungen« erfahren wir heute oftmals mehr über den neuen VW-Golf als über
den Ausgang der Präsidentschaftswahl in Gabun. Dies liegt
zunächst einmal daran, dass die Bandbreite dessen, was uns
an »Neuem« tatsächlich interessiert, bedauerlicherweise relativ gering ist. Eine zweite damit zusammenhängende Ursache ist, dass sich Werbetreibende seit jeher um die möglichst genaue Ansprache klar definierter Zielgruppen bemüht
haben und in diesem Bemühen tatkräftig durch die werbefinanzierten Medien unterstützt wurden. In digitalen Medienumgebungen sind die Möglichkeiten für das »Targeting« von
Rezipienten und das »Tailoring« , also das »Zuschneidern«
von Botschaften, für die passgenaue, in vielen Fällen individu-
elle Ansprache dieser Rezipienten enorm gewachsen. Wenn
die Präsidentschaftswahl in Gabun bislang nicht in unserem
Suchraster auftauchte, heißt das, wird sie uns von den intel-
ligenten Suchagenten des World Wide Web auch in Zukunft

nicht als Treffer angeboten. Werbetreibende setzen vor allem deswegen auf diese Technologie der passgenauen Ansprachen ihrer Zielgruppen, weil sie davon ausgehen, dass Werbebotschaften umso besser wirken, je genauer sie auf die thematischen Interessen und die jeweiligen Persönlichkeitsmerkmale des Rezipienten abgestimmt werden. In digitalen Medien sind personenbezogene Daten, wie der Landesbeauftragte für Datenschutz in Schleswig-Holstein, Thilo Weichert, vor einiger Zeit festgestellt hat, daher zu einer Art Leitwährung geworden. Mit dieser Entwicklung sind sehr weitreichende Folgen verbunden, die als gesellschaftliche Wirkungen der digitalen Werbung verbucht werden können.

Serendipität: vom Suchen und Finden

Die PCs, die Notebooks, die Tablet Computer, die Handys, die Smartphones, die Spielekonsolen, die Kindles – alle diese wunderbaren Geräte, mit denen wir uns umgeben, üben eine geradezu magische Anziehungskraft auf uns aus. Sie eröffnen uns in einem gesteigerten Maße Räume zum Spiel, zum Ausprobieren und Ausloten unserer Potenziale, zum Erkunden aller Zentren und Provinzen unseres Daseins. Und dennoch sie lassen uns dabei nie von der Hand, sie sind unsere ständigen Begleiter, eine ständige Verbindung: zwischen Kindern und ihren Eltern, zwischen Freunden, zwischen Beziehungspartnern, zwischen Arbeitskollegen. Und sie protokollieren dabei sehr gründlich alle Spuren, die wir – sorglos im Spiel vertieft – hinterlassen haben. Für Werbetreibende sind diese Daten höchst wertvoll. Für die Gesellschaft sowie für das Individuum bergen sie erhebliche Wirkungsrisiken. Je besser uns Werbetreibende kennen, je genauer wir in digitalen Medien adressiert werden, je mehr wir uns im Rahmen unseres täglichen Medienkonsums darauf verlassen, desto weniger erleben wir in unserem Alltag glückliche Funde, erhellende Zufallstreffer, aufregende Überraschungen, inspirierende Umwege – kurz: »Serendipität«. Diese Form des genüsslichen Flanierens war seit der Erfindung des modernen Warenhauses in Paris, London und Berlin im 19. Jahrhundert das Hauptkennzeichen des modernen Konsums. Das Kaufhaus war der Ort, an dem die Wünsche wahr wurden. Hier fand man nicht, was man suchte, sondern was man begehrte. In den digitalen Medien weicht diese Form des konsumierenden Flanierens dem sachlichen Suchen und Finden. Aber ist dies überhaupt ein Problem? Wer mit Googles Hilfe einen roten Schuh sucht und eben einen solchen roten Schuh findet, muss sich keine großen Sorgen machen. Wenn es Google indessen gelingt, die personalisierte Ansprache von Mediennutzern zum Ideal aller Mediennutzungsprozesse zu machen, steht die Gesellschaft vor einer geradezu revolutionären Herausforderung.

Klassische Massenmedien wie Zeitungen und Zeitschriften, Fernsehen und Hörfunk zeichnen sich dadurch aus, dass sie in einem umfassenden Sinn über Gesellschaft berichten. Die Massenmedien vermitteln ihrem Publikum nicht nur Informationen über das, was es mag, sondern vor allem über das, was es braucht. Man kann fast sagen, dass Serendipität gleichsam ein Definitionskriterium der medienvermittelten Kommunikation ist, wie wir sie bislang kannten.

Digitale Medien brechen mit diesem Funktionsprinzip klassischer Medien paradoxerweise deswegen, weil sie genau unsere Fragen beantworten. Sie beantworten nicht nur getreu die Fragen, die wir ihnen gestellt haben, sondern sie machen unser thematisches Interesse sofort zum Auswahlkriterium für zukünftige Angebote. Viele Beobachter haben darauf hingewiesen, dass dies ein enormes Gefahrenpotenzial für Prozesse der öffentlichen Meinungs- und Entscheidungsbildung birgt: Trotz einer schier unerschöpflichen Fülle an verfügbarem Wissen, die uns das Netz bietet, stoßen wir nicht vor in das digitale »Wissensuniversum«. Vielmehr rezipieren wir

immer mehr von dem, was uns ohnehin schon immer interessiert hat, und machen es uns gemütlich auf unserer Scholle.

Freilich sind viele Befürchtungen in Bezug auf die Fragmentierung und politische Polarisierung der Öffentlichkeit in
den vergangenen Jahren empirisch geerdet worden. Viele stillen ihren Nachrichtenhunger zwar inzwischen online, landen
dabei jedoch regelmäßig auf den Seiten der Schlachtschiffe
der analogen Ära: Spiegel.de, Tagesschau.de, Sueddeutsche.de.
Dennoch: Die Entwicklung ist noch lange nicht abgeschlossen, sondern voll in Gang. Die Werbung treibt sie an und verändert dadurch die Gesellschaft, in der wir leben.

7. Ausblick: Unternehmen werden Medienhäuser

In diesem letzten Kapitel werden vor dem Hintergrund eines kurzen historischen Abrisses Herausforderungen skizziert, vor die sich die Werbung zukünftig gestellt sieht. Die voranschreitende Individualisierung von Medienangeboten sowie die mediale Ermächtigung von Unternehmen, die sich gleichsam zu Medienhäusern wandeln, sind zwei wichtige Tendenzen im Mediensystem.

Die Werbung, an der wir so oft vorbeirauschen, ohne einen längeren Gedanken an sie zu verschwenden, kann bei näherem Hinsehen auf eine beachtliche Geschichte zurückblicken. Die Veränderungen, die sie durchlaufen hat, sind gewiss tiefgreifend. Wenn man die Geschichte der Werbung genauer betrachtet, sieht man jedoch sehr deutlich, dass bei allen Veränderungen die heutige Werbung eine Zuspitzung lange bewährter Werbeformen darstellt. Werbung verkündet ja geradezu notorisch das Neue, die Werbemacher stehen ihr in nichts darin nach. Da ist es sehr hilfreich, sich den langen historischen Vorlauf deutlich zu machen, den der Werbewandel unserer Tage hinter sich hat.

Mit Blick auf Onlinewerbung ist etwa seit langer Zeit davon die Rede, dass sich heute besser als jemals zuvor Nischenprodukte (der »Long tail«) gewinnbringend vermarkten lassen. Der Grundstein dieser Entwicklung wurde freilich bereits im frühen 17. Jahrhundert gelegt, als der Arzt Théophraste Renaudot sein *Bureau d'Adresses et de Rencontres* gründete. Auf dieser Grundlage sind in den vergangenen Jahrhunderten eine Vielzahl von Formen der »Werbung für jedermann« entstanden. Viele dieser Werbeformen existieren noch heute. Neue sind dazu gekommen. Es besteht sicherlich kein Mangel an Metaphern, mit denen das Internet beschrieben werden kann: Das Gehirn, die Bibliothek, das Archiv, die Datenautobahn unserer Zeit. Zumindest eine weitere Metapher ließe sich hinzufügen: Das Internet ist ein weltumspannendes Anzeigenblatt.

Die wenigsten Menschen bringen Werbung in Onlinemedien oder Werbung in Zeitungen und Zeitschriften mit Gelegenheitsannoncen in Verbindung, wie sie uns in Anzeigenblättern begegnen. Vielmehr denken die meisten wohl eher an die glitzernde Welt der Hochglanzanzeigen oder der Fernseh- und Kino-Spots. Auch die Geschichtsschreibung der Werbung hat großes Interesse vor allem an der Geschichte der »schönen« Werbung. Künstlerische Plakate sind dies, Emaille-Schilder, spektakuläre Leuchtreklamen, aber auch die Firmen- und Industriearchitektur, die schon immer ein Aushängeschild von Unternehmen war. Daran lässt sich ein Zusammenhang ablesen, der lange zurückreicht, jedoch bis in die heutige Zeit hineinwirkt. Gemeint ist die Orientierung der Werbung an der Ästhetik, an der gelungenen Form, am schönen, großen Bild etwa, das seine Betrachter einnimmt, in seinen Bann zieht, zumindest aber erfreut und eine kurzweilige Ablenkung vom Alltag bietet. Diese Orientierung an der Ästhetik kann bis in die frühen Anfänge der Werbung zurückverfolgt werden. Sie ist aber spätestens seit dem 19. Jahrhundert kaum zu übersehen. Die zunehmende Ästhetisierung der Werbung zur Jahrhundertwende war einerseits Ausdruck des Wunsches nach »kultureller Hebung« und gesellschaftlicher Anerkennung der Werbung. Ihre Macher verstanden sich ja immer weniger als Marktschreier und immer stärker als professionelle Experten. Die zunehmende Ästhetisierung der Werbung war andererseits aber auch Ausdruck einer aus Sicht der Werbetreibenden des 19. Jahrhunderts als krisenhaft wahrgenommenen Entwicklung, einer »kommunikationsökologischen Krise«. So paradox es sich anhört, aber die Ursache dieser Krise war ausgerechnet der Erfolg der Medien und der Werbung jener Zeit. Dieser Erfolg äußerte sich nämlich vor allem in der enormen Ausweitung von Medienangeboten aller Art. Die Verknappung von Aufmerksamkeit sowie die Zunahme von Werbereaktanz waren die unvermeidbaren Folgen. Bis heute reagiert die Werbung auf solche Krisen, wie sie im Zuge der Einführung des Kabelfernsehens seit Ende der 1970er Jahre und der digitalen Medien seit Ende der 1990er Jahre erneut aufgetreten sind, mit der Ästhetisierung ihrer Angebote, mit Informations- und Unterhaltungsgeschenken aller Art.

Kreativität ist daher bis heute einer der zentralen Leitwerte der Werbung, der umso stärker aufgerufen wird, je mehr die jeweils als »klassisch« empfundene Werbung in die Krise gerät. Das historische Kooperationsmodell für die Herstellung »kreativer« Werbung ist die sehr enge Beziehung zwischen Werbung und Kunst. Seit dem 19. Jahrhundert haben sich Künstler verstärkt in den Dienst der Werbung gestellt. Die Werbung griff in zunehmendem Maße den Stil und die Sujets bekannter Kunstwerke auf, um ihren Botschaften einen originellen und authentischen »Look« zu verleihen. Die gleiche Liaison ist noch immer zu beobachten. Immerhin ist die Entertainment-Industrie heute einer der wichtigsten strategischen Partner der Werbung.

Damit ist nun eine Entwicklung angesprochen, die zukünftig von immer größerer Bedeutung sein wird. Werbliche Medienangebote werden in immer stärkerem Maße im Verbund mit anderen Medienangeboten geplant, verbreitet und genutzt. Der Krieg der Sterne, X-Men und Akte X, Titanic, Der

Herr der Ringe, Shrek und, natürlich, Harry Potter – all dies sind keine einfachen Kinofilme klassischen Zuschnitts mehr. Vielmehr sind es Verbundprojekte der Werbe- und Entertainment-Industrie. Die Helden der Leinwand setzen ihre aufregende Reise auf der Verpackung von Frühstücksflocken und Zuckerbrause fort. Sie werden im Schnellimbiss freigiebig an die Kleinen verschenkt, treten als Gaststars in Fernsehspots, Zeitungsanzeigen, Computerspielen und Unternehmenswebseiten auf. Sie verwenden aber auch in ihrer natürlichen Umgebung, auf der Leinwand, immer häufiger ganz ungeniert die Produkte, für die sie anderenorts werben.

In der Werbebranche sowie in der aktuellen Forschung wird seit etlichen Jahren viel über diese Entwicklung gesprochen. Die größte Branchenzeitung der Werbewirtschaft in Deutschland – die Zeitung für Marketing, Werbung und Medien »Horizont« – machte kürzlich mit der Überschrift auf: »Unternehmen werden Medienhäuser«. Immer weiter streuen werbetreibende Unternehmen ihre Werbeausgaben: Der bezahlte Werberaum in den klassischen Massenmedien *(paid media)* spielt nach wie vor eine große Rolle. Immer wichtiger werden aber darüber hinaus öffentlichkeitswirksame Events, mit denen sich werbetreibende Unternehmen Werberaum in den klassischen Massenmedien gleichsam verdienen *(earned media)*. Immer wichtiger wird auch der eigene Werberaum, über den Werbetreibende ganz frei verfügen, etwa in Form von Webseiten, Social Movies oder YouTube-Kanälen *(owned media)*.

Wir stehen ohne Zweifel erst am Anfang einer Entwicklung, die sehr weitreichende Folgen für das Mediensystem, ja für die Gesellschaft in sich birgt. Diese möglichen Folgen lassen sich schon heute beobachten, wo werbetreibende Unternehmen junge Zielgruppen ansprechen.

Die Nahrungsmittelindustrie ist dafür ein gutes Beispiel. Der weitaus größte Teil der Werbung, die sich an Kinder und Jugendliche im Alter von 6 bis 12 Jahren richtet, wirbt für Nahrungsmittel, die reich an Fett, Zucker und Salz sind. Man kann sagen, dass Kinder und Jugendliche im Fadenkreuz von McDonald's, Ferrero und Co. stehen. Ursache und Folge dieser Ausrichtung bestimmter Segmente der Nahrungsmittelindustrie auf Kinder und Jugendliche ist, dass die Heranwachsenden den größten Teil ihres Geldes für Essen ausgeben. Wenn das eigene Geld nicht mehr reicht, verfügen sie über sehr effiziente Strategien, ihre Eltern zu motivieren, die »Quengelware« murrend in den Einkaufswagen zu legen. Ausgerechnet in diesem Segment der Nahrungsmittelindustrie sind die Werbeausgaben vor allem in Zeitungen sowie im Radio in den vergangenen Jahren nun rückläufig. Wie das? Bei näherem Hinsehen ist die Entwicklung weniger der Sorge um die ausgewogene Ernährung von Kindern und Jugendlichen geschuldet. Vielmehr ist sie Ausdruck eines allgemeinen Strategiewechsels.

Im Rahmen dieser neuen Strategie werden vor allem in den digitalen Medien Produktbotschaften an populäre Medienangebote aller Art gekoppelt. Das ist aus Sicht der Werbetreibenden oftmals finanziell günstiger als klassische massenmediale Werbung und gleichzeitig effizienter. Mit ihrer Hilfe lassen sich 360° in der Lebenswelt junger Zielgruppen mit Markenbotschaften »bespielen«. Gleichzeitig bereitet sich die Branche damit für den Fall vor, dass im Zuge des vorbeugenden Konsumentenschutzes schärfere Regelungen für die Nahrungsmittelwerbung erlassen werden.

Kinder und Jugendliche waren aus Sicht der Werbepraxis schon immer eine sehr attraktive Zielgruppe. Sie sind besonders aufgeschlossen gegenüber Neuem. Im Prozess ihrer Entwicklung zu jungen Erwachsenen sind sie überdies beständig auf der Suche nach einer Orientierung. Die verlockenden Life-Style-Angebote der Werbung fallen da auf sehr fruchtbaren Boden. Schließlich orientieren sich auch ältere Zielgruppen an den jüngeren. Neu ist, dass die heutigen Kinder und Jugendlichen eine zentrale Botschaft der werbetreiben-

den Wirtschaft mit in ihr Erwachsenenleben nehmen werden. Keine andere Generation vor ihnen hat diese Botschaft
so oft vernommen: Sie haben immer und immer wieder gelernt, dass Kinderschokolade, Überraschungseier, Gummi-
bärchen, Cornflakes und BigMacs nicht nur etwas zu essen
sind, sondern auch Spaß machen, ja, in gewisser Hinsicht sogar »Sinn« haben. Sie haben die Erfahrung gemacht, dass die
Einführung des neuen VW-Golf eine wichtige Veranstaltung
sein muss, erfolgt sie doch in enger Zusammenarbeit zwischen der Schule und dem lokalen Autohaus, das freund-
licherweise seine gepflegten Räumlichkeiten für ein quasi-
schulisches Rahmenprogramm neben dem eigentlichen Event
bereitstellt. Kinder und Jugendliche von heute haben die Erfahrung gemacht, dass es, wie in dem Vorleseabenteuer um
den Klaubauter-Seebären Käpt'n Knopf des Kinderbuchver-
lags Friedrich Oetinger oftmals keine klar erkennbare Gren-
ze zwischen Werbung und Programm gibt. Es ist für sie ganz
selbstverständlich, dass die Abenteuer von Käpt'n Knopf keine reine Vorstellung, sondern voll umfassend zu haben sind.
Es kommt ihnen ebenso wie ihren Eltern nicht in den Sinn,
dass das abendliche Vorleseritual vorm Einschlafen von der
Autorin des Buches, dem Verlag und seinen Partnern instru-
mentalisiert worden ist, um den Verkauf von Plüschtieren,
Kreuzfahrten, Kochbüchern und Rucksäcken anzukurbeln.
Wenn die Kinder, denen gerade noch die Gutenachtgeschich-
te von Käpt'n Knopf vorgelesen worden ist, in die Pubertät
kommen und am Wochenende gemeinsam mit ihren Eltern
Fernsehen schauen dürfen, geht das Lernen nahtlos weiter.
Sie lernen nun, dass die Kosmetik-Industrie (»Germany's
Next Topmodel«), die Mode-Industrie (»Fashion Show«), die
Musik-Industrie (»Deutschland sucht den Superstar«), die
Auto-Industrie (»Wetten dass...?«) ganz selbstverständlich
im regulären Programm des Fernsehens Unterhaltung anbieten – für alle Beteiligten, die Programmmacher, die Stars und
die Zuschauer ist es scheinbar das Normalste auf der Welt.

Was macht dies alles mit kommenden Generationen? Welche Kompetenzen müssen sie entwickeln, um die unterschiedlichen Geltungsansprüche und Zielsetzungen hoch integrierter Medienangebote in Paid, Earned und Owned Media zu erkennen, zu verstehen und zu bewerten? Wie verändern unterhaltende, informative oder spielerische Medienangebote von Unternehmen unser Reden, Denken, Fühlen in Bezug auf diese Unternehmen? Wenn unsere Kinder medial so großzügig von der werbetreibenden Wirtschaft beschenkt werden, werden sie sich dann noch für gebührenfinanzierten Rundfunk einsetzen? Werden sie für die Trennung von Werbung und Programm eintreten? Werden Sie eine Zeitung lesen? Werden sie eine Zeitung abonnieren?

Im Kontext digitaler Medien hat die Werbung eine weitere Steigerungsform ihres zentralen Leitwerts, der Kreativität, erreicht. Sie tritt ein in eine Zeit der *affectice economies* (H. Jenkins), in der sich ein neuer »ästhetischer Kapitalismus« (A. Reckwitz) zu entfalten beginnt. Niemandem ist es so recht aufgefallen, dass der Begriff der Kreativwirtschaft viel mehr bezeichnet, als man denkt. Die Kreativwirtschaft, damit sind ja zunächst einmal jene Wirtschaftszweige gemeint, die sich in den »creative cities« Berlin, Hamburg, München, Köln, Stuttgart ballen und dort Kreativität systematisch, gewissermaßen unter industriellen Bedingungen, herstellen. Die Kreativwirtschaft, das sind zum Beispiel die Medien, das Design, die Architektur, die Softwareentwicklung oder eben auch die Werbung. Kreativ sind heute aber nicht nur diese, sondern in gesteigertem Maße auch andere Industrien. Viele Unternehmen lösen sich von den bürokratischen Arbeitsroutinen der Vergangenheit und geben sich neue flexible Organisationsstrukturen mit flachen Hierarchien, deren Ziel die Innovationsfähigkeit des Unternehmens ist. Konsumenten erwarten ihrerseits von Unternehmen ansprechende Produkte: Ästhetik, Unterhaltung, Originalität, Esprit. Diese Erwartungshaltung an Unternehmen hat in den vergangenen

Jahrzehnten ganz klar zugenommen. Dies gilt auch für die voranschreitende »Moralisierung der Märkte« (N. Stehr).

Neben den ökonomischen, rein sachlichen Werten von Waren und Dienstleistungen sind in den vergangenen Jahrzehnten also viele andere Werte getreten. Diese Entwicklung hat dazu geführt, dass werbetreibende Unternehmen nicht nur immer kreativer, sondern auch immer »beziehungsfähiger« geworden sind. Denn sie unterbreiten ihren Zielgruppen immer häufiger Angebote, an die diese ganz persönlich anschließen können. Die Marken der werbetreibenden Unternehmen waren schon immer auch ein soziales Gut, dessen wichtigste Funktion darin bestand, Beziehungen zwischen Käufern und Verkäufern (wieder) herzustellen, die in modernen unübersichtlichen Gesellschaften verloren gegangen waren. Wir haben gesehen, dass dies seinen Niederschlag darin gefunden hat, dass viele Marken bereits mit ihrem Namen ganz direkt auf ihren Erfinder und Namensgeber verweisen. Von der Markenpersönlichkeit war von Anfang an die Rede, vom Wesen und Charakterkern einer Marke. Diese und viele weitere Metaphern, mit denen wir Marken gewissermaßen vermenschlichen, sind eben kein Zufall. Werbung im Allgemeinen, Markenwerbung im Besonderen will soziale Beziehungen herstellen. Digitale Medien helfen der werbetreibenden Wirtschaft in gesteigertem Maße, dieses Ziel zu erreichen.

Vielleicht erinnert sich der eine oder andere Leser noch an jene lustigen Tamagotchis, die erstmals Mitte der 1990er Jahre auf Schulhöfen und in Klassenzimmern auftauchten. Das waren kleine, bunte Plastik-Eier. Küken sollten sie darstellen, mit einer elektronischen Seele, *made in Japan*. Vom Moment ihrer Geburt an musste man sich – nicht gerade zur ungetrübten Freude vieler Lehrer – rund um die Uhr um das kleine Küken kümmern, damit es ihm gut ging. Das Tamagotchi wollte schlafen, essen, lieb gehabt werden – ganz genau so wie ein echtes Haustier. Das fanden viele Kinder toll. Tamagotchis waren ein Riesenerfolg. Den meisten Erwachsenen erschienen sie damals freilich eher wie ein exotischer Spleen ihrer Kinder. Zurückblickend waren sie jedoch weit mehr als dies. Sie bildeten für die Generation der Digital Natives die wichtigste Lektion ihres Lebens: Computer brauchen unsere Fürsorge. Gemessen an den historischen Zeiträumen kultureller Veränderungsprozesse hat es nur einen Wimpernschlag in der Geschichte der Menschheit gedauert, bis diese Lektion gesellschaftsweit gelernt worden ist. Wir haben heute gelernt, Computern wie einst Tamagotchis unter bestimmten Bedingungen menschliche Eigenschaften zuzuschreiben. Wir mussten dies lernen, um mit ihnen interagieren zu können. Die zärtlichen Gesten, mit denen wir heute über die glänzenden Oberflächen unserer Smartphones und Tablet-Computer streicheln, sprechen Bände. Wir *pflegen* unsere Homepage, wir *füttern* unseren Facebook-Account, wir *erziehen* Siri, die automatische Texterkennung von Apple. Und wir tun all dies zumindest ebenso hingebungsvoll, wie die erste Generation an Tamagotchi-Eltern ihren elektronischen Nachwuchs gehätschelt hat. Wir erkennen heute aber immer deutlicher, dass die Fürsorge, die wir den digitalen Helfern in unserem Alltag angedeihen lassen, eine Schattenseite hat. Soziale »Entortung«, Kommunikationsstress, Datenmissbrauch und teilnehmende Überwachung lauten die Schlagworte dieser sehr kritischen Diskussion. In der gleichen Weise werden wir in Zukunft anerkennen müssen, dass die Marken-Pflege, die wir im Rahmen unseres täglichen Medienkonsums leisten, ebenfalls ihren Preis haben wird.

Mancher fühlt sich schon heute regelrecht verfolgt durch Werbung. Wir leben, wie einst Heinrich Böll sagte, in einer Zeit der »fürsorglichen Belagerung« – heute nicht mehr durch die Organe der Staatssicherheit, sondern durch die werbetreibende Wirtschaft. Was uns in der Werbung begegnet, war dank der unermüdlichen Arbeit der Marktforschung und der Konsumentenpsychologie schon immer ganz und gar für uns gemacht. Heute trifft dies in einem nochmals gesteigerten

Sinne zu. Wir, wir ganz persönlich, sind gemeint, wenn am Bildschirmrand ein Werbebanner aufscheint.

Die werbetreibende Wirtschaft ist es, deren gesteigertes Interesse an den geistigen und gefühlsmäßigen Befindlichkeiten ihrer Zielgruppen die zunehmende Personalisierung der Kommunikation in den digitalen Medien mit viel Druck vorantreibt. Die Werbung hat schon immer mit genau definierten Vorstellungen in Bezug auf ihre Zielgruppen, mit Zielgruppentypologien, gearbeitet. Wir haben gesehen, dass der Grund dafür ganz einfach ist: Je genauer man weiß, wie die Zielgruppe »tickt«, was ihr gefällt und was nicht, desto genauer lassen sich eben werbliche Botschaften auf diese Zielgruppen ausrichten, und desto besser wirken sie.

Im Verhältnis zwischen der Werbung und den klassischen Massenmedien wie Zeitungen und Zeitschriften, Fernsehen und Hörfunk stellt dieses Kalkül seit jeher die Geschäftsgrundlage dar. Je klarer sich das Profil des jeweiligen Publikums bestimmen lässt, desto wertvoller ist der zu vermarktende Anzeigenraum. Freilich mussten sich Werbetreibende in der Vergangenheit auf die recht allgemeinen Aussagen der Medien und ihrer Publikumsforschung verlassen. Werbetreibende haben ihre Botschaften in diesem Sinn in aller Regel nur an »ideale« Konsumenten adressiert, die mit hoher Wahrscheinlichkeit durch ein Werbemittel erreicht werden und dieses dann höchstwahrscheinlich »richtig« verstehen. All dies verändert sich zur Zeit in einem rasanten Tempo. Werbetreibende adressieren zunehmend nicht mehr »ideale«, sondern »reale« Konsumenten.

Man muss sich nur einmal vor Augen führen, welche detaillierten Kunden-Daten einem der größten Warenhäuser der digitalen Wirtschaft heute zur Verfügung stehen. Wer Bücher auf seinem Amazon-Kindle als E-Book liest, hat nicht wenig zu staunen. Der E-Book Reader unterschlängelt nämlich verschiedene Stellen des Textes und versieht sie mit dem Hinweis, dass andere, völlig unbekannte Leser dieselbe Textpassage bereits markiert und für wichtig erachten. Amazon weiß, wer diese fünf Leser sind. Amazon weiß, wie sie heißen, wie alt sie sind, wo sie wohnen und wie man sie auf elektronischem Wege erreichen kann. Amazon weiß, was diese fünf Personen sonst noch lesen, welche Musik sie hören, welche Filme sie schauen, ob sie sich für Badekappen und Schwimmbrillen interessieren, welche Konfektionsgröße sie tragen, ob sie sich nass oder trocken oder gar nicht rasieren, wo sie sich gerade befinden oder wo sie sich gerne befinden würden. Jede einzelne dieser Informationen ist für sich genommen möglicherweise wenig verfänglich und in manchen Fällen trivial. Alle diese Informationen zusammen genommen liefern indessen tiefe Einblicke, ja, man kann ohne Übertreibung sagen: in das Seelenleben einer Person. Keine noch so professionelle Marktforschung der vergangenen Jahrzehnte, keine konsumpsychologische Analyse, keine soziologische Milieustudie wäre dazu im Stande gewesen. Wo immer wir im Internet mit anderen ins Gespräch oder ins Geschäft kommen, wo immer wir uns im Kontext digitaler Medien mit anderen austauschen, hören heute Werbetreibende ganz selbstverständlich mit und integrieren die Informationen, die sie dergestalt über ihre Zielgruppen erhalten, in ihre Werbestrategien. Das Internet bietet aus Sicht der Werbetreibenden ein schier unerschöpfliches Reservoir an Daten über ihre Zielgruppen. Bald werden alle Unternehmen in der Lage sein, solche Daten zu sammeln, zu verstehen und für ihre Zwecke zu nutzen.

Es ist Ausdruck der gesellschaftlichen Tragweite dieser Entwicklung, dass sich inzwischen auch die Literatur und die Kunst damit befassen, was es heißt in einer Gesellschaft zu leben, deren Mitglieder in einem bisher kaum gekannten Ausmaß durchleuchtet, vermessen und in Bezug auf ihre Kaufkraft, aber auch ihre Einstellungen beurteilt werden können. Wir sind gar nicht so weit entfernt von jenen düsteren Gesellschaftsentwürfen, die in den vergangenen Jahren literarisch zum Thema gemacht wurden, etwa in Gary Shteyngarts 2010

erschienenem Bestseller »Super Sad True Love Story« oder
in Cory Doctorows Roman »Little Brother«. Der Protagonist
dieses Romans versucht aus der engen Welt einer komplett
überwachten Schule auszubrechen, um sich dann in einen
schier aussichtslosen Kampf gegen das Ministerium für Hei-
matschutz zu begeben. »Laut Gesetz«, so lässt Doctorow seinen Protagonisten sagen, »konnten sie uns nicht dazu zwingen, in eine Schule mit totaler Videoüberwachung zu gehen,
doch es stand nichts darin, wie es sich bei freiwilliger Aufgabe der Grundrechte verhielt.«

Die freiwillige Aufgabe unserer Grundrechte – so könnte
man beschreiben, was zur Zeit bei Facebook, Google, Amazon, Apple oder YouTube passiert. Angetrieben wird diese
Entwicklung durch Geschäftsmodelle der werbetreibenden
Wirtschaft. Die Entwicklung entfaltet sich im Rahmen einer
Medientechnologie, die wir gelernt haben rund um die Uhr
mit persönlichen Informationen zu füttern. Der so entstehen-
de Datenpool von bisher ungeahntem Ausmaß, der unauf-
hörlich mit frischem Input gespeist wird, weckt nicht nur auf
Seiten ökonomischer Akteure Begehrlichkeiten, wie die zahlreichen Datenskandale der vergangenen Jahre eindrücklich
belegen. Die exzessive Datensammlung wird in Zukunft auf
Seiten der Nutzer in zunehmenden Maße Misstrauen, Unbe-
hagen, in nicht wenigen Fällen Ohnmacht, aber auch Resigna-
tion hervorrufen. Es ist erstaunlich, wie sehr schon heute der
Markterfolg von Unternehmen der digitalen Wirtschaft und
das Vertrauen, das wir in sie setzen, auseinanderklaffen. Alle
sind bei Facebook, jedoch keiner vertraut Facebook. Alle nutzen Google, indessen nimmt keiner Googles selbstgewähltes
Motto »Don't be evil« für bare Münze. Niemand liest die Geschäftsbedingungen, alle klicken weiter, mit einer Mischung
aus neun Teilen Bequemlichkeit und einem Teil Vertrauen.

Welche Konsequenzen müssen wir aus dieser Entwicklung ziehen? Wer ist in die Pflicht zu nehmen? Die Antworten vieler Autoren laufen auf dasselbe hinaus: *Wir*, die Nutzer

digitaler Medien, müssen etwas ändern! Die Ausbildung von Medienkompetenz stellt daher ohne Zweifel eine der zentralen Aufgaben für die Zukunft dar. Aber erstaunlich ist schon, wie sich die Debatte damit einmal um die eigene Achse gedreht hat. Noch vor 20 Jahren versprachen digitale Medien in den Augen vieler geradezu euphorischer Beobachter, dass wir uns mit ihrer Hilfe persönlich vollkommen frei entfalten können. Heute liest sich die Botschaft derselben Beobachter genau andersherum. *Wir* müssen schon an uns arbeiten, um das volle Potenzial des Computers zur Entfaltung zu bringen und um zu vermeiden, dass wir auf der Strecke bleiben. Wer die seitenlangen Geschäftsbedingungen von Google, Facebook, Microsoft, Apple und Amazon nicht liest, sondern einfach nur »weiter« klickt, heißt das, der hätte es besser wissen können und müssen und ist im Schadensfall möglicherweise selber schuld. Wir leben in einer Zeit, in der diese Konzerne im Schlaglicht der Kritik stehen wie einst Axel Springer und seine mächtige »Bild«-Zeitung. »Enteignet Springer!«, lautete die Parole früher. »Werdet endlich erwachsen!«, heißt sie heute und: »Lernt Medien zu nutzen!« Nachdem wir uns gefragt haben, unter welchen Bedingungen Menschen bereit sind, einem Computer Qualitäten eines Lebewesens zuzuschreiben, formiert sich aktuell ein Diskurs, der uns nahelegt, dass nun wir Nutzer an der Reihe sind, uns Qualitäten zuzulegen, die uns zu satisfaktionsfähigen Partnern jener Medientechnologien machen, die wir nach unserem Vorbild erschaffen haben.

Je mehr wir uns als kompetente Nutzer digitaler Medien begreifen, die Fertigkeiten entwickelt haben und weiter entwickeln müssen, desto mehr begreifen wir diese Medien als Werkzeuge. Aber genau dies ist ein Problem: Denn Medien mögen für uns zwar wie Werkzeuge funktionieren, aber sie sind es nicht, zumindest nicht ausschließlich. Mit Hilfe von Medien beobachten wir nicht einfach nur Gesellschaft in einem instrumentellen Sinn, sondern wir stellen sie in einem existenziellen Sinn her. In dem zur Zeit stärksten Bereich der Medienentwicklung, dem Internet, übernimmt die Werbung hier eine ganz entscheidende Rolle, wie und unter welchen Bedingungen wir die Gesellschaft herstellen, in der wir leben. Werbung ist in diesem Sinn heute womöglich mächtiger als zu jener Zeit, in der Vance Packard zur Beunruhigung vieler seiner Zeitgenossen über die Tricks der geheimen Verführung spekulierte.

In digitalen Medienumgebungen wird in gesteigertem Maße möglich, worauf das Geschäftsmodell der werbefinanzierten Medien seit jeher basierte: die möglichst genaue Identifikation der Befindlichkeiten und Mentalitäten, der Wünsche und thematischen Vorlieben, der mentalen Landkarten und realen Adressen des Publikums. Onlinebasierte Medien haben unter dem starken Einfluss der werbetreibenden Wirtschaft in den vergangenen Jahren die individualisierte Adressierbarkeit von Medienangeboten zu einer Art Leitwert erhoben. Von Seiten der werbetreibenden Wirtschaft werden die Rezipienten heute in einem bisher ungeahnten Ausmaß vermessen, erforscht, sortiert und zielgenau adressiert. In der Print- und Fernsehära wurden Reichweiten, demographische und psychographische Charakteristika des Publikums vergleichsweise grobmaschig durch Befragungen und telemetrische Verfahren bei zuvor definierten »Access-Panels« ermittelt. In digitalen Medienumgebungen ist gleichsam jeder Mediennutzer Teil dieses Panels, denn er hinterlässt in aller Regel zumindest technisch seine Datenspuren. Solche Spuren liegen in Bezug auf den IP-Raum, die Uhrzeit des Zugriffs, den Browser, das Betriebssystem, die Bildschirmauflösung des Computers, die Bandbreite der Internetverbindung automatisch vor. Neue Marktforschungsunternehmen der digitalen Wirtschaft wie etwa »Wunderloop«, »Nugget« oder »DoubleClick« sammeln solche Informationen, reichern sie mit weiteren Targeting-Daten an – auch solchen, die Rezipienten freiwillig von sich selbst preisgeben – und machen

sie zur Grundlage sehr genauer Strategien der Zielgruppenansprache.

Bereits 1995 prognostizierte Nicholas Negroponte mit Blick
auf digitale Medien, zukünftig würden sich Menschen ihr
höchst persönliches Informationsmenü, »The Daily Me«, zusammenstellen und sich nicht mehr damit zufrieden geben,
dass andere diese Auswahl für sie treffen. Im gleichen Jahre
prophezeite Bill Gates den Triumph von »customised information«, also zielgruppenbezogener Information. Beide Zu-
kunftsvisionen stellen eine radikale Zuspitzung der Orientierung an Zielgruppen dar und sorgten in jener Zeit, sorgen
aber auch noch heute für Furore: Viele Beobachter haben
mit Blick auf diese Entwicklung seit etlichen Jahren auf das
Gefahrenpotenzial für Prozesse der öffentlichen Meinungs-
und Entscheidungsbildung hingewiesen. Die Gesellschaft der
neuen digitalen Medien ist anfällig, weil hier der Geltungs-
anspruch und die gesellschaftliche Reichweite ihrer ehemals
reichweitenstarken Medien zu bröckeln beginnt. Angesichts
der rasanten Ausdifferenzierung des Mediensystems und der
enormen Vielzahl von Wahlmöglichkeiten wird bereits seit
vielen Jahren vor der Fragmentierung der Öffentlichkeit ge-
warnt, ja vor ihrer Auflösung in einem Netzwerk zahlloser
Teilöffentlichkeiten, die blind für ihre gegenseitigen Belange
geworden sind. Die Folge, so warnen viele Kritiker, könnte
in der informatorischen Abschottung des Einzelnen liegen –
Rückzug in den »Information Cocoon« (C. Sunstein) und die
»Filter Bubble« (E. Pariser).

Viele der Befürchtungen in Bezug auf die Fragmentierung und politische Polarisierung der Öffentlichkeit sind in
den vergangenen Jahren empirisch geerdet worden. Die Debatte ist noch lange nicht abgeschlossen, die Entwicklung
voll in Gang. »The Revolution Will Not Be Televised« sang
der amerikanische Soul- und Jazz-Musiker Gil Scott-Heron
in den bewegten 1970er Jahren und brachte damit zum Ausdruck, was viele seiner Zeitgenossen dachten: Die Werbung

ist eine mächtige gesellschaftliche Instanz, Anwalt der herrschenden Ordnung, Sprachrohr des Establishments, Verführer der Ahnungslosen. Und heute heißt es ganz ähnlich: »The Television will be Revolutionized« (A. Lotz). Die Werbung ist eine mächtige gesellschaftliche Instanz, ihr Einfluss und ihre gesellschaftliche Bedeutung zeigt sich heute in dem Tempo, in dem sie die digitale Revolution mit vorantreibt. Wir werden die Tragweite dieser Revolution nicht angemessen beschreiben und verstehen können, wenn wir nicht eine ihrer treibenden Kräfte genauer betrachten: die Werbung.

Welches Problembewusstsein haben heutige Mediennutzer für die Ursachen und Folgen dieser Entwicklung? Gemeinsam mit meinen Studierenden in Tübingen habe ich in den vergangenen Jahren zahlreiche Interviews und Gruppendiskussionen geführt, um einer Antwort auf diese Frage näher zu kommen. Wir haben mit jungen Menschen gesprochen, die sich an der Universität für ein Studium eingeschrieben haben, mit Berufsschülern, aber auch mit Senioren, für die das Internet inzwischen kaum noch wegzudenken ist. Mit wie viel Begeisterung integrieren Studierende, Berufsschüler, Senioren, mit wie viel Hingabe integrieren wir alle die neuen digitalen Medien, allem voran das Internet, in unseren Alltag! »Bei mir dreht sich eigentlich immer alles ums Internet.« Mit diesen wenigen Worten fasste eine junge Berufsschülerin kurz und bündig zusammen, welchen Stellenwert das Internet für weite Teile der Bevölkerung heute besitzt. Ein pensionierter Lehrer erzählte uns davon, wie er vor vielen Jahren, noch voll im Beruf stehend, erste Erfahrungen auf dem Datenhighway, wie man damals sagte, gesammelt hat. Die neue Technologie bewirkte für ihn schnell eine geradezu spektakuläre Veränderung, ja Revolution, seines beruflichen Alltags: Endlich hatte er einen starken Verbündeten, endlich war er einmal wieder Herr der Dinge, hatte wieder die Nase vorn. Die meisten Senioren haben diese Technikbegeisterung bis heute behalten. Kein Zweifel, das Internet übt eine geradezu magische Anziehungskraft auf uns aus. Es ist ein schieres Wunderwerk der Technik, löst es doch all das ein, ja übertrifft bei weitem, was die klassischen Massenmedien immer versprochen haben: Aktualität sogar im Sekundentakt, Quelle unerschöpflichen Wissens, Fenster zur Welt, ein Band, das uns verbindet. Die digitalen Inhalte sind hilfreich, unterhaltsam, unverzichtbar. Die technischen Geräte, die uns Zugang zum World Wide Web ermöglichen, sie sind schön und wertvoll, sie sind treue Gefährten auf Reisen, und zu Hause halten wir Händchen auf dem Sofa bei Tee und Gebäck.

Bei so viel Hingabe ist es kein Wunder, dass viele Autoren auch mit Blick auf die Werbung im Internet viel über Aneignung, Dialog und aktive Nutzung sprechen. Ganz so euphorisch geht es hier aus Sicht der Nutzer freilich nicht zu. Jener pensionierte Lehrer, der voller Überschwang über die technischen Möglichkeiten der Onlinekommunikation sprach, sagte mit Blick auf die Werbung, da habe man schon »alle Hände voll zu tun, den Laden sauber zu halten«. Werbung im Internet stößt nicht gerade auf große Gegenliebe. Gewiss, diese Reserviertheit gegenüber der Onlinewerbung führt nicht bei allen dazu, dass man sich aktiv darum bemüht, Onlinewerbung zu vermeiden. Die jungen Erwachsenen, mit denen wir in Berufsschulen gesprochen haben, hatten in aller Regel noch nie von dieser Möglichkeit gehört. Würden sie es wohl einmal ausprobieren, Onlinewerbung zu vermeiden? Eher nicht, warum auch? Junge Bildungseliten sind schon deutlich mehr interessiert an dieser Möglichkeit. Manche von ihnen haben eine entsprechende Software auf ihrem Computer installiert. Andere, die von dieser Möglichkeit erfahren haben, wollen es unbedingt auch einmal ausprobieren. Viele Senioren haben wie die Berufsschüler noch nie von einer Software gehört, mit deren Hilfe man Werbung im Internet vermeiden kann. Als ich mich vor einiger Zeit mit einer Gruppe von Senioren an einem Nachmittag in einer Volkshochschule in der Nähe von Tübingen zum Gespräch traf und wir über Formen der Werbevermeidung sprachen, holten plötzlich alle meine Gesprächspartner wie auf Kommando Papier und Bleistift aus der Tasche. Sie wollten es einfach ganz genau wissen und es auf keinen Fall vergessen. Daher schrieben sie sich den Namen des Programms auf: ADBLOCKER. Seit unserem Gespräch ist nun eine Weile vergangen. Inzwischen hat sich herausgestellt, dass die Adblocker-Software, gewisse »Lücken« aufweist, durch die Werbetreibende gegen die Entrichtung einer geringen Aufwandsentschädigung schlüpfen können. Meine Gesprächspartner hatten eben recht: Umschalten reicht nicht im Netz. Man muss schon hart arbeiten, um den Laden sauber zu halten.

Zum Weiterlesen

Donaton, Scott (2004): Madison & Vine. Why the Entertainment and Advertising Industries must Converge to Survive. New York: McGraw-Hill.
Mit diesem Buch hat der amerikanische Werbepraktiker Scott Donaton als einer der ersten das sehr enge Verhältnis von Werbe- und Unterhaltungsindustrie beschrieben und mit dem Begriff »Branded Entertainment« auf den Punkt gebracht. Aus der Sicht des Praktikers wird beschrieben, mit welchen großen Herausforderungen sich die Werbe-, aber auch die Unterhaltungsindustrie seit Ende der 1980er Jahre konfrontiert sehen und wie sie beide mit der immer engeren Verzahnung von Werbung und Unterhaltung reagieren.

Felser, Georg (2011): Werbe- und Konsumentenpsychologie (3. Aufl.). Stuttgart: Schäffer-Poeschel.
Diese umfangreiche Einführung gibt einen sehr guten Überblick über die wichtigsten Konzepte der psychologischen Werbewirkungsforschung.

Fox, Stephen (1997): The Mirror Makers. A History of American Advertising and its Creators. Urbana/Chicago: University of Illinois Press.
Dieses oft zitierte Buch gibt einen sehr guten Überblick über die Geschichte der amerikanischen Werbung. Im Vordergrund stehen die großen Werberpersönlichkeiten und ihre Agenturen.

Janich, Nina (Hrsg.) (2012): Handbuch Werbekommunikation: Sprachwissenschaftliche und interdisziplinäre Zugänge. Tübingen: Francke.
Werbung bedient sich zwar stark, aber nicht ausschließlich visueller Reize. Sie zeichnet sich natürlich auch durch ganz bestimmte sprachliche Darstellungsformen aus. Die Linguistin Nina Janich hat in diesem Sammelband eine Reihe von Beiträgen anderer Wissenschaftler und Wissenschaftlerinnen zusammengetragen, um die verschiedenen Ebenen der Werbesprache zu beschreiben. Das Buch ist aktuell und gibt einen guten Überblick über ein inzwischen recht ausdifferenziertes Forschungsgebiet.

Tunstall, Jeremy (1964): The Advertising Man in London Advertising Agencies. London: Chapman & Hall.
Angestoßen durch die »kreative Revolution« in der Werbung der 1960er Jahre ist in der Fachdiskussion immer wieder auf die unterschiedlichen Wissenskulturen in Werbeagenturen hingewiesen worden. Gestützt auf die Befunde verdeckter teilnehmender Beobachtungen in Londoner Werbeagenturen hat der Berufssoziologe Jeremy Tunstall als einer der ersten diese beiden Wissenskulturen analysiert. Auch die unvermeidbaren Friktionen im Prozess der Planung und Gestaltung von Kampagnen werden genau beschrieben. Ein großartiges Buch.

Turow, Joseph (2011): The daily you: how the new advertising industry is defining your identity and your world. New Haven: Yale University Press.

Der Autor dieses Buches hat in den vergangenen Jahren immer wieder die Details eines tiefgreifenden Strukturwandels der Werbung beschrieben. Dabei hat er vor allem die technologischen Voraussetzungen, die dominierenden Akteure und die weitreichenden Folgen der personalisierten Werbung ins Visier genommen.

www.adage.com/www.wuv.de/www.horizont.de
Viele der Veränderungen im Mediensystem werden frühzeitig in der Praxis diskutiert. Das gilt auch für Veränderungen in der Werbung. Es lohnt sich daher einschlägige Branchenpublikationen zu lesen. Auf den meisten dieser Internetseiten findet man auch Archive, in denen man nachforschen kann, welche Zukunftsthemen Geschichte haben.

Zentralverband der Deutschen Werbewirtschaft (ZAW) (1989 und passim): Werbung in Deutschland 1989. Bonn: Verlag Edition ZAW.
Dieser Überblick mit Zahlen und Fakten zur Lage der Werbung in Deutschland erscheint seit 1989 jährlich. Der ZAW ist ein Branchenverband und vertritt als solcher die Interessen von Werbetreibenden, Agenturen und Medien. Das sollte man bei der Lektüre nicht vergessen. Die vielen Informationen zu Werbeselbstkontrolle, Werbeberufen, Werbeklima, Werbetreibenden, Agenturen und Medien sind ein sehr hilfreicher Einstieg.

Zola, Émile (2004): Das Paradies der Damen (5. Aufl.). Frankfurt a. M.: Fischer Taschenbuch Verlag. [urspr. »Au Bonheur des Dames«, 1884]
Dieser Roman beschreibt die Entstehung des modernen Warenhauses Mitte des 19. Jahrhunderts. Es zeigt den grundsätzlichen Wandel des modernen Konsums und der Werbung, die diesen Wandel überhaupt erst ermöglichte. Es ist interessant, dass Zola zwei Formen der Werbung spannungsvoll kontrastiert: Das »weibliche« Liebeswerben der jungen Verkäuferin Denise

um den Inhaber des Warenhauses, Octave Mouret. Und dessen »männliche« Werbung um die Gunst der weiblichen Oberschicht von Paris. Wer wohl am Ende gewinnt?

Glossar

Access-Panel: Sammlung von Adressdaten befragungswilliger Personen.

Account: Account bedeutet übersetzt »Konto«. Unternehmen führten und führen in ihrer Buchhaltung ihre Kunden als Konten. Dies führte dazu, dass der Kunde als Account bezeichnet wird.

Account Planner: Stellt sicher, dass Forschungsergebnisse (Konsumentenforschung usw.) bei der Entwicklung einer Werbekampagne berücksichtigt werden. Ebenso die »Werte« und »Persönlichkeit« einer Marke.

Advergames: Reines Werbespiel. Es ist darauf ausgerichtet, Werbung für ein Produkt oder ein Unternehmen zu machen. Das zu bewerbende Produkt/Unternehmen ist ein wichtiger Bestandteil des Spiels.

Advertainment: Begriff, der die Verbindung von Werbung (Advertising) und Unterhaltung (Entertainment) beschreibt. Werbebotschaften werden in Unterhaltungsangebote eingebettet.

Branded Entertainment: Form der Marktkommunikation, bei der Werbung/Werbeprodukte auf inhaltlicher Ebene in Unterhaltungsangebote/deren Handlung eingebunden werden.

Casual Games: Massenkompatible und für Gelegenheitsspieler entwickelte Computer- und Videospiele. Die intuitive Nutzung ermöglicht raschen Spielerfolg.

Content Marketing: Beschreibt die Bereitstellung nützlicher Informationen über das zu bewerbende Produkt für den Konsumenten. Gleichzeitig wird so das Produkt beworben.

Dialog Marketing: Der Dialog zwischen Unternehmen und Kunden spielt bei bestimmten Formen des Marketings (Dialogmarketing) eine große Rolle. Bei dieser Art des Marketings wird telefonisch, schriftlich oder elektronisch (z. B. per E-Mail) Kontakt mit dem Kunden aufgenommen, um beispielsweise dessen Zufriedenheit mit dem gekauften Produkt abzufragen und Informationen über den Kunden zu erhalten. So werden personenbezogene Daten gewonnen, die helfen, dem Kunden potentiell interessante Produkte zu empfehlen.

Digital Natives: Beschreibt die Generationen, die im Zeitalter von Social Web, Blogs und Co. groß geworden sind. Die Digital Natives sind untereinander stark vernetzt und schöpfen alle Kommunikationsmöglichkeiten aus, die Web 2.0 bietet. Das Internet nutzen sie zudem für Informationsbeschaffung und Unterhaltung.

Integrierte Werbeformen: Dies können zum Beispiel Product Placements in Computerspielen sein, die interaktiv genutzt werden: In einem Autorennspiel steuert der User ein Auto einer realen Automarke. Die integrierte Werbung ist somit als Werbung kaum noch zu erkennen, da sie nicht die klassischen Merkmale von Werbung aufweist.

Involvement: Involvement bezeichnet den Grad der Motivation, Informationen über etwas (ein Produkt, das man kaufen möchte) zu suchen, diese Informationen aufzunehmen, zu verarbeiten und sie sich zu merken. Man unterscheidet dabei in High und Low Involvement. Merkmale des High Involvement sind z. B. eine aktive Suche nach Informationen und Auseinandersetzung mit diesen, bevor es zum Kauf eines Produktes kommt. Dies geschieht, wenn es sich um teure oder langlebige Produkte handelt (z. B. ein Auto). Low Involvement findet bei Konsumobjekten des täglichen Bedarfs statt (z. B. Zahnpasta). Der Käufer sucht hierbei nicht im Vorfeld lange nach Informationen, bevor er sich zum Kauf entscheidet.

IP-Raum: Anhand der IP-Adresse kann man den Empfänger und Sender von Datenpakten/Inhalten im Internet eindeutig identifizieren. Eine Webseite kann so eingestellt sein, dass sie Funktionsaufrufe nur aus einem bestimmten IP-Raum oder sogar nur von bestimmten IP-Adressen zulässt.

Kommunikatorforschung: Die Kommunikatorforschung gehört zur Medien- und Kommunikationsforschung. Sie befasst sich mit Organisationen und Personen, welche die Rolle eines Kommunikators ausüben. Dabei wird zum Beispiel untersucht, welche Eigenschaften, Motivationen oder Ausbildungen diese Kommunikatoren (z. B. Journalisten) haben, wie Arbeitsabläufe gestaltet sind, nach welchen Vorschriften gehandelt wird und auch, wie die Themenauswahl abläuft und wie über Gestaltungsmöglichkeiten entschieden wird. Einen Forschungsschwerpunkt setzt die bisherige Kommunikatorforschung im Bereich der Journalistik.

Long Tail: Ein Begriff, der mit Verkaufsstatistiken des Online-Handels zusammenhängt. Die Verkaufsstatistik eines Online-Händlers zeigt, dass nur wenige Produkte Spitzenplätze hinsichtlich der Verkaufszahlen einnehmen. Danach kommt ein

»langer Schwanz«, der Long Tail. Er symbolisiert die Nischen-produkte, deren Verkaufszahlen zusammengenommen sogar den Umsatz der Bestseller übertreffen können.

Microsite: Kann einzeln oder angebunden an eine größere Webseite stehen. Simpel in der Navigation, da es nur wenig Unterseiten gibt.

Mobile Marketing: Mobile Endgeräte dienen bei dieser Form des Marketings als Kanal, um Werbebotschaften an die Kon-sumenten zu bringen.

Public Relations: Public Relations (PR) gehört in den Bereich der Unternehmenskommunikation. Andere Bezeichnungen für PR sind auch »Organisationskommunikation« oder »in-teressengeleitete Kommunikation«. Ziel ist es dabei, eine Be-ziehung zur Öffentlichkeit herzustellen, zu gestalten und zu pflegen.

Recall: Bei einem Recall-Test wird überprüft, ob sich die Testperson an Werbung erinnert, ohne dass Gedächtnisstüt-zen zur Verfügung gestellt werden. Recall steht demnach für eine aktive Gedächtnisleistung, bei der vergangene Sinnesein-drücke oder auch Erlebnisse ohne Erinnerungshilfe reprodu-ziert werden.

Recognition: Bezeichnet die gestützte Erinnerung bzw. das gestützte Erkennen von Marken, Werbung oder Kommunika-tionsmitteln. Recognition-Tests prüfen dies beispielsweise ab, indem sie den Testpersonen Werbemittel zeigen und danach fragen, ob diese Werbemittel wiedererkannt werden. Die ge-stützte Wiedererkennung ist demnach eine passive Gedächt-nisleistung.

Scientific Management: Scientific Management (auch Taylorismus) bezeichnet einen wissenschaftlich optimierten Arbeitsprozess, der auf wiederkehrenden, monotonen Bewegungsformen bzw. Arbeitsabläufen basiert. Ziel ist dabei die Produktivitätssteigerung menschlicher Arbeit.

Split-Screen-Werbung: Split-Screen-Werbung kommt bei visuellen Medien zum Einsatz. Hierfür wird das Bild in zwei oder mehrere Bereiche geteilt. So kann zum Beispiel eine Fernsehsendung und Werbung gleichzeitig ausgestrahlt werden.

Sponsoring: Sponsoring ist ein Kommunikationsinstrument des Marketings. Ziel ist es dabei, das Image eines Unternehmens oder einer Marke zu fördern, in dem Veranstaltungen, Organisationen und Ähnliches unterstützt bzw. gesponsert werden.

Targeting-Daten: Targeting-Daten sind die Daten, die gesammelt werden, um eine genau definierte Zielgruppe anzusprechen. Diese Daten werden für Targeting verwendet. Der Begriff stammt aus dem Bereich des Online-Marketings. Er bezeichnet die zielgruppenspezifische Ausrichtung und Steuerung einer Onlinekampagne.

Testimonials: Aufgabe eines Testimonials ist es, als Fürsprecher für Produkte, Unternehmen oder Marken zu agieren, diese dem Konsumenten zu empfehlen. Testimonials können Prominente oder bekannte Persönlichkeiten aus den Medien sein (zum Beispiel Thomas Gottschalk für Haribo). Ein Testimonial kann jedoch auch auftreten als Experte oder typischer Konsument eines Produktes, der entsprechend in der Werbung stilisiert wird. Beispiele hierfür sind Dr. Best, Meister Proper, das Michelin-Männchen oder auch der Marlboro-Mann.

Viral Marketing: Ziel des Viralen Marketings ist es, dass sich die Werbebotschaft wie ein »Virus« verbreitet. Erreicht wird dieses Ziel durch die Einbeziehung der Konsumenten, die, ähnlich wie bei Mundpropaganda, die Werbebotschaft weiterverbreiten. Bei viralem Marketing werden hierfür elektronische Kommunikationswege, wie zum Beispiel das Internet, genutzt.

Word of Mouth: Word of Mouth – auch Mund-Propaganda – bezeichnet den Austausch zwischen zwei Konsumenten über ein Produkt, eine Marke, ein Unternehmen oder Ähnliches. Diese ausgetauschten Wertungen können sowohl positiver als auch negativer Natur sein.

Das Glossar verdankt sich der Mitarbeit von Susanne Janusch. Mein besonderer Dank gilt Anja Lambrecht, die das Manuskript in unermüdlicher Kleinarbeit in eine lesbare Form gebracht hat.

Stichwortverzeichnis